电子竞技赛事运营"1+X"证书制度系列教材

U0740783

电子竞技赛事运营（中级）

完美世界教育科技（北京）有限公司 组编

邬厚民　朱恺文　陈阳 主编

人民邮电出版社

北京

图书在版编目（CIP）数据

电子竞技赛事运营 ：中级 / 完美世界教育科技（北京）有限公司组编 ；邬厚民，朱恺文，陈阳主编. --
北京 ：人民邮电出版社，2025. -- ISBN 978-7-115
-67950-5

Ⅰ. G898.3

中国国家版本馆 CIP 数据核字第 2025DA3256 号

内 容 提 要

随着电子竞技产业的飞速发展及产业链的逐渐完善，如何培养电子竞技的专业人才成为业内人士关注的问题。随着电子竞技运营师这样一个职业的出现，社会对电子竞技赛事运营所需知识与技能的学习需求逐渐旺盛，本书正是基于这样的需求编写。

本书共 5 个学习单元，分别是电子竞技赛事策划、电子竞技赛事设计、电子竞技赛事执行、电子竞技赛事宣传、电子竞技赛事招商。本书从电子竞技赛事运营的核心内容开始，详细介绍了赛事策划、内容制作、人员组织、活动设计、新媒体宣传、商务合作等内容。

本书内容丰富、结构清晰、语言简练，具有较强的实用性和参考价值，可作为应用型本科院校、职业院校，以及各类电子竞技赛事培训机构的教材，也适合对电子竞技产业感兴趣的读者阅读。

◆ 组　　编　完美世界教育科技（北京）有限公司
　　主　　编　邬厚民　朱恺文　陈　阳
　　责任编辑　贾鸿飞
　　责任印制　王　郁　胡　南
◆ 人民邮电出版社出版发行　　北京市丰台区成寿寺路 11 号
　　邮编　100164　电子邮件　315@ptpress.com.cn
　　网址　https://www.ptpress.com.cn
　　固安县铭成印刷有限公司印刷
◆ 开本：800×1000　1/16
　　印张：12.5　　　　　　　　　　2025 年 9 月第 1 版
　　字数：183 千字　　　　　　　　2025 年 9 月河北第 1 次印刷

定价：79.90 元

读者服务热线：(010)81055410　印装质量热线：(010)81055316
反盗版热线：(010)81055315

电子竞技赛事运营"1+X"证书制度系列教材（中级）编委会名单

主任：

    刘建新   完美世界教育首席运营官

    杨晓红   上海市群星职业技术学校党支部书记兼校长

    贾 宁   北京财贸职业学院旅游与艺术学院影视多媒体技术系主任

副主任：

    束家晨   上海市科技艺术教育中心体育活动部副部长

    刘会芳   上海市群星职业技术学校电竞组教研组长

    杨 凯   完美世界教育副总裁

成员：

    黄孙巍   上海市科技艺术教育中心体育活动部部长

    年璐璐   上海市行政管理学校电竞运营与管理专业带头人

    张 静   上海闵行职业技术学院电竞专业主任

    周子奥   中国少数民族体育协会数字科技体育委员会会长

    武 斐   完美世界教育产品中心总监

    管 胜   完美世界教育产教融合专家

    陈 磊   完美世界教育电竞讲师

    周海峰   完美世界教育电竞讲师

前言

进入 21 世纪后，电子竞技快速发展，吸引了大量人群尤其是年轻群体参与。在多种因素的作用下，电子竞技风靡全球，产生了广泛而深刻的影响，成为一项世界性的运动。

当下电子竞技产业飞速发展，产业链逐渐完善，同时带动了相关产业的发展，引起社会各界的高度关注，如何培养电子竞技专业人才成为了热门话题。人力资源和社会保障部等部门颁发的《中华人民共和国职业分类大典（2022 年版）》中，出现了不少新职业，"电子竞技运营师"便是其中之一。

为满足电子竞技产业快速发展及对运营人才的需求，教育部将"电子竞技赛事运营"纳入第四批"1+X"证书制度试点，由完美世界教育科技（北京）有限公司（以下简称"完美世界教育"）作为职业教育培训评价组织并制定《电子竞技赛事运营职业技能等级标准》。"1+X"证书制度即"学历证书＋若干职业技能等级证书"制度，由国务院于 2019 年 1 月 24 日在《国家职业教育改革实施方案》中提出并实施。一方面，职业技能等级证书是"1+X"证书制度设计的重要内容，该证书不仅与学历证书有机结合，而且是对学历证书的强化和补充；另一方面，职业技能等级证书制度在深化教师、教材、教法"三教"改革，促进校企合作，建好用好实训基地，探索建设职业教育国家"学分银行"等方面发挥重要作用。

为帮助广大师生更好地明确电子竞技赛事运营职业技能等级认证要求，完美世界教育成立了电子竞技赛事运营"1+X"证书制度系列教材编委会，根据《电子竞技赛事运营职业技能等级标准》和考核大纲，组织编写了电子竞技赛事运营"1+X"证书制度系列教材。

本书为《电子竞技赛事运营（中级）》，根据《电子竞技赛事运营职业技能等级标准》中对中级技能的要求进行编写。全书包括 5 个学习单元，分别是电子竞技赛事策划、电子竞技赛事设计、电子竞技赛事执行、电子竞技赛事宣传、电子竞技赛事招商。本书适合作为应用型本科院校、职业院校相关专业，以及各类电子竞技赛事培训机构的教材。

完美世界教育希望通过持续努力推动电子竞技相关专业人才的培养，希望学生因对电子竞技的热爱而学习职业技能，也希望各类院校为行业培养出更多高素质复合型电子竞技赛事运营人才。欢迎广大读者和行业人士对本书提出宝贵的意见和建议。

目录

001 学习单元 1 电子竞技赛事策划

001 单元概述

001 知识目标

001 技能目标

002 1.1 基础知识

002 1.1.1 电子竞技赛事策划概述

010 1.1.2 电子竞技赛事策划的特点及注意事项

014 1.1.3 电子竞技赛事场地及设备管理

018 1.2 任务一 完成电子竞技赛事场地选取与布局设计

018 1.2.1 子任务一：设计赛事场地布局和功能区

019 1.2.2 子任务二：设计赛事场地布局图和效果图

021 1.2.3 巩固思考练习

021 1.3 任务二 完成电子竞技赛事计划与排期

021 1.3.1 子任务一：设定电子竞技赛事目标

023 1.3.2 子任务二：掌握编制电子竞技赛事计划的方法

026 1.3.3 巩固思考练习

026 1.4 任务三 制作电子竞技赛事策划方案

027 1.4.1 子任务一：完成电子竞技赛事策划方案的撰写

030　　　1.4.2　子任务二：设计、制作 PPT

033　　　1.4.3　巩固思考练习

035　学习单元 2　电子竞技赛事设计

035　**单元概述**

035　**知识目标**

035　**技能目标**

035　　2.1　**基础知识**

036　　　2.1.1　平面设计基础

051　　　2.1.2　平面设计软件

058　　　2.1.3　案例分析

060　　2.2　**任务一　设计电子竞技赛事海报**

061　　　2.2.1　子任务一：电子竞技赛事宣传海报设计

070　　　2.2.2　子任务二：电子竞技赛事主题海报设计

078　　　2.2.3　巩固思考练习

078　　2.3　**任务二　设计电子竞技赛事包装**

079　　　2.3.1　子任务一：电子竞技赛事物料包装设计

089　　　2.3.2　子任务二：电子竞技赛事直播包装设计

102　　　2.3.3　巩固思考练习

103　学习单元 3　电子竞技赛事执行

103　**单元概述**

103　**知识目标**

103 技能目标

104 **3.1 基础知识**

104 3.1.1 电子竞技赛事后勤管理

113 3.1.2 案例分析

116 **3.2 任务一 制作电子竞技赛事执行手册**

118 3.2.1 子任务一 制作项目组成员表

119 3.2.2 子任务二 填写手册内的项目组成员信息

120 3.2.3 巩固思考练习

121 **3.3 任务二 完成电子竞技赛事的 Rundown 表制作**

121 3.3.1 子任务一：制作海选赛 Rundown 表

123 3.3.2 子任务二：制作总决赛 Rundown 表

123 3.3.3 巩固思考练习

123 **3.4 任务三 完成电子竞技赛事后勤管理的物料清单制作**

125 3.4.1 子任务一：制作赛事现场物料清单

126 3.4.2 子任务二：制作赛事奖品清单

126 3.4.3 巩固思考练习

127 学习单元 4 电子竞技赛事宣传

127 单元概述

127 知识目标

127 技能目标

127 **4.1 基础知识**

129   4.1.1   电子竞技新媒体内容策划

137   4.1.2   电子竞技新媒体内容制作

156   **4.2   任务   撰写电子竞技赛事新媒体文案**

156   4.2.1   子任务一：撰写电子竞技赛事新闻稿

157   4.2.2   子任务二：撰写电子竞技赛事战报

158   4.2.3   子任务三：撰写游戏版本分析文章

158   4.2.4   巩固思考练习

159   **学习单元 5   电子竞技赛事招商**

159   **单元概述**

159   **知识目标**

159   **技能目标**

160   **5.1   基础知识**

160   5.1.1   电子竞技赛事招商流程与原则

164   5.1.2   电子竞技赛事招商方案的构成要素

169   5.1.3   电子竞技赛事招商合作协议样例

172   **5.2   任务   撰写电子竞技赛事招商方案**

172   5.2.1   子任务一：赛事招商方案 PPT 制作

179   5.2.2   子任务二：赛事招商合同编写

188   5.2.3   巩固思考练习

学习单元 1

电子竞技赛事策划

单元概述

本单元的主要内容是电子竞技赛事策划相关知识，包括电子竞技赛事概述、电子竞技赛事策划、电子竞技赛事场地管理，以及相关的实践任务等。

知识目标

了解电子竞技赛事的风险评估、背景、目的与意义等；

了解电子竞技赛事的亮点策划、赛事传播等；

了解电子竞技赛事场地的选址、非比赛区规划等。

技能目标

能够完成电子竞技赛事场地的选取与布局设计；

能够对电子竞技赛事进行计划与排期；

能够制作电子竞技赛事的策划方案。

1.1　基础知识

目前，电子竞技赛事的数量越来越多，赛事规模越来越大，赛事策划更加专业，赛事制作更加精良，赛事管理向着专业化、系统化的方向发展。

1.1.1　电子竞技赛事策划概述

电子竞技赛事在官方组织和第三方组织的推动下，以多样化的形式展现在大众面前。电子竞技赛事是一个需要详细策划的过程，为了使赛事策划更加完善，赛事组织者要在赛前对赛事进行整体评估与分析，具体内容包括赛事风险评估、赛事背景、赛事的目标及意义、赛事性质、赛事组织架构、参赛条件和赛事人数确定等。

1. 赛事风险评估

随着电子竞技的不断发展，各种电子竞技赛事越来越多，参与电子竞技赛事已经成为很多人生活的一部分。《国务院关于加快发展体育产业促进体育消费的若干意见》（国发〔2014〕46 号）中明确提出"丰富业余体育赛事，在各地区和机关团体、企事业单位、学校等单位广泛举办各类体育比赛，引导支持体育社会组织等社会力量举办群众性体育赛事活动"，在一定程度上推动了第三方电子竞技赛事和官方电子竞技赛事的开展。

但是，诸多不确定的因素也会给电子竞技赛事的举办带来很多未知的不利影响，特别是在电子竞技赛事正朝着全民参与、商业化、市场化方向发展的时候。因此，对于电子竞技赛事的风险管理显得尤为重要。

电子竞技赛事风险指的是在电子竞技赛事的筹备和举办过程中，赛事主办方所面临的不确定性因素，一旦发生就会给赛事主办方带来损失。这种不确定性因素有些是客观存在的，不以人意志为转移，如极端天气、地震、火山爆发等；有些是人为因素导致的，如选手、裁判迟到等。除了列举的这些因素外，其他的如安保出现问题、现场观众有突发状况，网络、游戏软件出现故障等，也是赛事主办方需要考虑的情况。

电子竞技赛事风险具有以下特点。

（1）不可控性。

电子竞技赛事在从筹备到比赛结束的整个过程中都存在不确定性导致的某些问题的不可控。例如，目前主流电子竞技赛事中手游占据了很重要的部分，在很多第三方的线下赛事中，受场地、经费、设备等因素影响，有时会出现网络信号不稳定的情况。这种主办方或者执行方无法控制网络信号稳定性的情形，就可视为赛事风险的不可控性。图 1-1 所示为某电子竞技赛事出现的网络中断的情形。

图 1-1

（2）多诱因性。

决定比赛是否能够成功举办的诱导性因素很多，如工作人员、裁判员、解说、选手、现场观众等赛事现场参与者人为因素，经济、文化等大环境因素，以及比赛场馆设施、设备等硬件因素。

以较为明显的诱因——人为因素为例，在电子竞技赛事的举办过程中，比赛进展到一定程度，势必对参赛选手的心理产生一定的压力，此时凡给选手直接或间接涉及负面的引导或心理暗示，极有可能会影响赛事进程甚至比赛结果。

（3）不确定性。

电子竞技赛事的风险具有不确定性。和大多数传统体育赛事一样，电子竞技赛事的风险是否会发生，发生时间、地点、程度等都是不确定的、无法预估的，尤其是电子竞技赛事中最具代表性的游戏 BUG。无论何种电子竞技赛事项目，都不可避免地存在游戏 BUG。选手是否利用 BUG、BUG 何时出现都存在不确定性，这就可能会对比赛结果产生重要影响。图 1-2 所示为某电子竞技赛事中出现 BUG 时的游戏画面。

图 1-2

（4）可变性。

电子竞技赛事的风险具有可变性。在一定情况下，电子竞技赛事的风险是会转化的。例如，在《英雄联盟》S3 的某场比赛中，电源和电压原因导致良小伞鼠标键盘临时失灵，主办方不得不暂停比赛。根据赛事规则，设备须经检验后更换，然后继续比赛。这种由设备问题引起的风险会传递给现场选手，影响他们的心理和身体状态，进而影响选手比赛的发挥和对局的结果。

即时思考：电子竞技赛事的风险包含哪些因素？为什么是这些因素？

---

2. 赛事背景

策划电子竞技赛事前，应当了解电子竞技行业和竞赛项目的发展背景。

在电子竞技快速发展和其日益增长的影响力的推动下，2003 年 11 月 18 日，国家体育总局正式批准将电子竞技列为第 99 个正式体育竞赛项。2008 年，国家体育总局将电子竞技改批为第 78 号正式体育竞赛项。当地时间 2017 年 10 月 28 日，在瑞士洛桑举行的国际奥委会第六届峰会上，代表们对电子竞技产业的快速发展进行了讨论，最终同意将其视为一项"体育运动"。

在电子竞技成为正式体育项目后，各种电子竞技运动会的举办很快就在国内掀起一股电子竞技热潮。人们见证了这种文化娱乐方式带来的全新局面，体验到了奥运精神在新时代的延伸。与此同时，竞赛项目也在不断丰富，进一步推动电子竞技行业的发展；电子竞技行业的发展反过来会促进竞赛项目的升级与完善。图 1-3 所示为某电子竞技赛事现场。

3. 赛事的目标及意义

赛事的目标、意义指的是该赛事的核心构成或策划的独到之处，以及由此产生的意义，所以赛事目标应具体化，并具备重要性、可行性、时效性等特点。

电子竞技赛事与传统赛事一样，具有公平、公正的特点。电子竞技赛事能够潜移默化地将团队合作、坚持不懈等体育精神传递给所有赛事参与者，并且让他们了解电子竞技能够锻炼各种能力与意识，如思维能力、协调能力、危机意识等，从而让所有赛事参与者对电子竞技有进一步的认知。

图 1-3

我国的电子竞技产业经历了从无到有和快速发展的阶段，不仅通过赛事的方式呈现了更出色的硬件与软件同时，随着电子竞技行业的兴起，催生了新的电子竞技职业，为社会创造了就业岗位。

4. 赛事性质

根据覆盖范围和影响力来划分，电子竞技赛事性质主要分为世界性赛事、全国性赛事、区域性赛事。

（1）世界性赛事。

世界性赛事是电子竞技项目中规格最高的比赛，这类赛事一般由游戏厂家主办或者授权第三方举办，如 DOTA2 国际邀请赛（the international DOTA2 championships，简称 Ti）。图 1-4 所示为 Ti9 国际邀请赛的海报。

图1-4

世界性赛事选拔战队/选手的区域一般依亚洲、欧洲等大区域进行划分，极其出色的战队/选手才有机会参加。

（2）全国性赛事。

全国性赛事比世界性赛事低一个层级。受赛事举办方的实力、覆盖范围等因素的影响，全国性赛事的规模、影响力等无法与世界性赛事相比。全国性赛事的举办周期通常是固定的，不需要依附于其他以游戏厂家官方赛事为代表的一系列大型赛事。在这种赛事中，符合赛事规则要求的电子竞技战队一般都能够报名参加。

（3）区域性赛事。

区域性赛事比全国性赛事低一个层级。这种赛事的覆盖范围一般为地级市、自治州、盟，或省、自治区、直辖市，比如，在宣传和报道中看到的"城市赛"通常就是区域性赛事。一般来说，区域性赛事电子竞技爱好者和职业选手都能够报名参加，受众面较广。图 1-5 所示为《英雄联盟》区域性赛事海报。

图 1-5

即时思考：世界性赛事的主办方一般是谁？区域性赛事的覆盖范围通常是什么？

---

5. 赛事组织架构

电子竞技赛事组织架构的设置没有固定的模式，与赛事的规模、规格、复杂程度、传统以及主办方的要求有关，也与承办方的人力、物力、财力等资源情况有关，以机构设置合理、职能分工明确、人员专业有效、信息沟通畅通为准则。通常情况下，赛事组织架构都包含主办方、承办方和协办方。

（1）主办方。

大型赛事项目的主办方在法理上应当是项目的主要策划、制订和实施机构，对大型赛事项目的实施承担主要的义务，并享有赛事的主要权利。主办方主要负责制订赛事的举办方案和详细计划，并负责实施，另外主办方还负责财务管理，并承担赛事连带的民事责任。

（2）承办方。

承办方主要负责场馆布置、场地施工、安全保卫及赛事的会务等事项。大型赛事项目的承办方是受主办方委托具体执行和实施项目的机构，但在大型赛事组织的实践中，承办方通常是赛事项目真正的策划、方案制订和实施者，即与主办方是协作关系的一方，双方通常具备合同关系，承办方一般受雇于主办方。

（3）协办方。

大型赛事项目的协办方是赛事项目的协助机构，一般为赛事项目的策划、方案制订和实施提供政策、技术、组织等支持，协办方通常是相关的政府管理部门、行业组织、科研机构，也可以是承办方的业务合作伙伴。

即时思考：赛事组织机构的设置通常跟哪些因素有关？赛事主办方的作用是什么？

---

6. 参赛条件

制定参赛条件的主要目的是避免因参赛选手过多或参赛选手能力不足等导致赛事效果不如预期的情况。不同性质的赛事需要制定不同的参赛条件。

参赛选手是电子竞技赛事的主要参与者，对赛事有着举足轻重的影响。在电子竞技赛事中，参赛选手分为业余选手和职业选手，二者的区别在于业余选手不以电子竞技为职业，而职业选手一般都会隶属某家俱乐部或某个战队，与俱乐部或战队存在雇佣关系。

电子竞技业余选手通常对电子竞技项目有深度了解，对自身竞技能力较为认可、拥有较好的技术但没有经过严格训练；电子竞技职业选手通常经过长期训练和层层选拔，技术出类拔萃。与传统体育项目的运动员一样，电子竞技职业选手需要经过长时间不断的练习才能参加顶级赛事。

即时思考：制订赛事参与条件的作用是什么？职业选手和业余选手的区别是什么？

7. 赛事人数确定

为了保障赛事顺利举办，主办方 / 承办方会在赛事策划期间根据场馆容量明确具体的参与赛事的人员，包括参赛选手、观众、后勤、安保等的数量。

虽然赛事人数的规模、人员的流动等可以预测，但由于各种不确定因素的存在，实际情况与预测结果往往存在出入，甚至有很大的差异。也就是说，赛事人数有一定的不可预测性。比赛期间，赛事人数一旦大幅超过预期，很可能超出服务设施、服务人员、管理能力等方面的最大负荷，从而增加各种事故发生的概率。

1.1.2　电子竞技赛事策划的特点及注意事项

一份可执行、可操作、创意突出的赛事策划，可有效提升赛事的美誉度。赛事策划具有四大特点，分别是可信度、吸引力、执行力和传达力。

可信度：在大多数情况下，可信度源自对策划方案的执行力。对专门从事赛事策划的公司来说，赛事策划做得再好，没有足够的资源去实施也是不行的。通过举办各种电子竞技赛事，可以积累赛事执行经验，以及足够的执行资源。

吸引力：对目标受众是否具有足够的吸引力是赛事策划是否成功的根本标准。赛事要充分吸引受众的注意，就要抓住受众群体十分重视的热门话题，对他们动之以情，晓之以"礼"，激发他们的参与热情。要提高赛事的吸引力，就要有好的构思。策划要考虑如何满足受众的好奇心，以及在价值表现、荣誉感、责任感、利益等方面的需求，这样策划会提升他们的重视程度以及参与热情。

执行力：执行力表现在具体的任务描述、任务流程、执行人员安排、执行时间安排、突发事件的处置方案等方面。保障执行力是赛事策划的重点，所以在策划时必须对整个赛事的计划、安排等反复进行推敲。

传达力：赛事策划的传达力表现在比赛的各个阶段。比赛前，吸引目标受众注意和参与，为比赛预热；比赛中，做好赛事组织，充分展示比赛的内容与主题，并收集用户反馈；比赛后，将比赛的影响力进一步扩散和延伸，以获取更大的商业价值。

为了使比赛能更加完美地呈现，策划赛事时应注意一些要点，包括赛事亮点、赛事传播、赛事赞助、赛事制度、赛事组织流程等。

1. 赛事亮点

赛事亮点的核心在"吸引"二字，主要作用是调动大众参与赛事的积极性，而且让有兴趣参加的电子竞技爱好者对赛事的优点有一定的了解。在策划赛事的亮点时，应注意赛事亮点的三个特点：吸引度、可信度、可执行度。

吸引度：能吸引大众关注或参加是赛事取得成功的条件之一，所以赛事主题必须有别于其他电子竞技赛事。

可信度：被赛事亮点吸引的目标受众会衡量亮点的可信度，所以在策划的过程中必须结合自身资源进行合理规划。

可执行度：在进行赛事策划过程中，对资源进行评估和考量时，必须考虑实际情况是否满足设想，切忌为了吸引目标受众而制造不切实际的亮点。

即时思考：赛事亮点的作用是什么？赛事亮点的特征分别是什么？

---

2. 赛事传播

传播（communication）是人类交换信息的一种过程，信息（information）是传播的内容。传播是人与人之间、人与社会之间通过有意义的符号进行信息传递、信息接受或信息反馈的总称，根本目的是传递信息。在传播学中，广义的传播被定义为"一种带有社会性、共同性的人类信息交流的行为"。

赛事传播的目的是传递赛事信息、树立赛事形象，传播的过程是对赛事进行包装的过程。电子竞技体育赛事包装指的是运用营销理论与策略，结合媒体宣传、新闻推广、名人效应等有效手段，对赛事本身进行知名度的导入和商业形象的树立。完整的电子竞技赛事商业形象系统必须有合理的内涵和外延，商业形象系统的组成包括政府形象、媒介形象、公众形象、商业形象等。其中具体的包装需要根据赛事最终目的来确定，不可一概而论。赛事传播过程中，媒介计划是必不可少的，是帮助电子竞技赛事本身建立并维持它与媒体、公众相互沟通的桥梁，是赛事的品牌传播和市场推广的关键之一。

即时思考：赛事传播的作用是什么？赛事传播的目的是什么？

---

3. 赛事赞助

在电子竞技赛事中，企业为了实现自己的目标（宣传品牌或产品）而对赛事提供资金或物品支持的行为，就是赛事赞助。主办方会根据赞助商的需求，安排相关的活动，或提高赞助商品牌/产品的曝光量。赛事赞助的实质用利益置换对方的资源，企业借助赞助、冠名等手段，通过所赞助的赛事来推广品牌/产品。越来越多的企业具有体育营销的意识，认识到电子竞技赛事背后蕴藏着无限商机。很多投资电子竞技赛事产业的企业获得了很好的回报，声名远播。赛事赞助通常分为独家赞助和联合赞助。

（1）独家赞助。

独家赞助通常指企业单独承担赛事的全部赞助费用，是唯一的赞助商，并享有排他性权利，即禁止竞争对手在同一赛事中出现。独家赞助的形式之一是买下技赛事的名称，即冠名。当电子竞技赛事的规模、所需资金达到一定程度的时候，主办方就会考虑以冠名的方式来吸引赞助商，冠名条件是赞助赛事所需的大部分甚至是全部资金。

（2）联合赞助。

联合赞助指的是多家企业对赛事进行资金或物资方面的赞助。通常情况下，联合赞助的任何赞助方都无法单独获得赛事的冠名权，只能同时享有借助赛事进行宣传的权利。

4. 赛事制度

赛事制度是指需要所有参与方在赛事运营时共同遵守的制度或章程。比起不成文的规定，赛事规则更具有制约性，约束力更强，合理地制定赛事制度可以保障赛事目的顺利实现。

电子竞技赛事跟传统赛事一样，以公平、公正、合理的赛制进行比赛，不仅能够科学地选拔选手进入下一阶段的赛事，还能为现场观众提供众多精彩的比赛画面。赛事制度的具体内容参见《电子竞技赛事运营（初级）》。

5. 赛事组织流程

组织流程是指完成一件事情、一项任务或一项活动的过程，包含一系列工作环节或步骤，这些环节或步骤相互之间存在先后顺序，具有一定的指向性。

电子竞技赛事组织流程一般分为三个阶段：赛前阶段、比赛阶段和赛后阶段。

（1）赛前阶段。

① 确定赛事目标、任务、规模、场地、日期、项目、参与办法、比赛办法、录取名次和奖励办法等竞赛规程。

② 确定现场工作人员和分工，并按计划进行安排，保障所有人员到位、到岗。

③ 落实设备、器材、场地报批、运动员报名、观众招募、裁判选聘等工作。

④ 编写和发放赛事规则、参赛手册 / 秩序册等。

（2）比赛阶段。

① 做好赛事报到、人员管理（包括工作人员、参赛选手、教练与随行人员、现场观众等）、场地管理和路线引导等工作。

② 全面检查和落实场地设备、竞赛器材，做好负责硬件的各部门的协调工作。

③ 组织裁判对赛事的规则、规程进行详尽的学习，强调各裁判岗位的作用，并统一答疑。

④ 组织领队会议，对赛事规则进行详尽解读和说明。

⑤ 做好赛果确认和公布工作，并适时同步给相关部门及媒体，便于赛事宣传和报道。

⑥ 做好颁奖工作，包括嘉宾、志愿者的安排，以及颁奖流程、礼仪等工作的布置。

（3）赛后阶段。

① 编制成绩手册，做好运动员和裁判员的离会工作，以及赛事组织的解散安排。

② 做好赛事总结工作，对相关资料进行整理和归档，并对必要的数据进行妥善保存。

③ 所有工作结束后，解散赛事组织机构，并予以公告、公示。

即时思考：赛事组织流程一般分为哪几个阶段？第一个阶段的内容是什么？

1.1.3　电子竞技赛事场地及设备管理

场地与设备需求是举办电子竞技赛事需要考虑的重要内容。设施完善的或条件较好的场地会极大提高赛事质量，是赛事顺利进行的保障之一。

1. 赛事选址

赛事选址受成本、赛事规模、宣传效果等多方面因素的影响，选址方案一般包含选择自营场地和选择租赁场地。

（1）选择自营场地。

一些主办方会选择在自营场地（如网咖、商场）举办比赛，主办方宣传自营场地通常是举办这类比赛的目的之一。选择在自营场地比赛，可以节约场地和设备成本，还可以为场地带来客流量。当然，这类比赛的规模往往会受场地大小的影响。

（2）选择租赁场地。

赛事场地租赁一般分为如下两种情况。

① 有些主办方为了达到更好的宣传效果，会租赁规模较大的场馆或者大型商场、广场等场地相对开阔的地方，自行搭建比赛舞台。这类比赛的规模较大，需要投入的资金较多，但观众数量往往也较多，宣传效果更好。

选择在场馆进行比赛的优点在于场馆自带一些赛事所需的灯光、音响等设施，并且不受时间、天气等因素的影响；缺点是场馆的环境相对较为封闭，观众也是通过宣传手段吸引而来，数量较为固定。同时，主办方的一些改建、搭建等行为需要遵守场馆的相关规定，遵守商议决定的租赁时间，租赁时间结束后需要按照场馆的规定标准归还场馆。

选择在大型商场、广场搭建舞台进行电子竞技比赛的优点在于场地开阔，利于主办方搭建赛事所需设施、设备，并且客流量较大。但这类比赛受时间、天气影响，赛事所需的灯光、音响等设施也需要主办方投入一定的资金。

② 有些主办方有便利的场地租赁条件，不必投入较多的资金举办比赛。例如，在校大学生团体举办电子竞技赛事，只需花费较少的资金就可以租赁到较好的校园场地。这类比赛面向的观众、选手较为单一，优点是投入资金较少、举办方便，缺点是

宣传范围较小。

2. 非比赛区规划

（1）休息区。

一场电子竞技赛事往往时间较长，主办方需要规划好休息区，以供参赛选手、观众或游客休息。休息区的规划需要根据赛事选址灵活进行。

需要说明的是，主办方如果选择租赁场地，则需要与场地负责人协调是否可以单独规划休息区，如果不能单独规划，则要注意场地周围是否有合适的地方可以为参赛人员、观众提供服务。如果单独规划休息区，那么需要保证休息区可以提供较好的餐饮、娱乐等服务，这样做的好处在于除了可以给参赛人员和观众提供服务，还可以吸引其他游客来休息区休息并关注赛事，能对电子竞技赛事的宣传起到推动作用。

（2）观众区。

无论电子竞技赛事规模如何，主办方都应该准备好观众区以供观众观看比赛。观众区的配置由主办方根据赛事实际情况决定。

3. 赛事主要设备

为了确保赛事能够顺利进行，赛事需要的设备缺一不可，尤其是主要设备必须在赛事开始前就准备到位。例如，在MOBA类赛事的主要设备包括计算机、鼠标、键盘、耳机、专用桌椅、摄像机、大屏幕、网络硬件等，都必须在开赛前准备好。

在电子竞技赛事中，不同的设备给参赛选手的体验是不同的。例如，在《英雄联盟》赛事中，计算机显示器的尺寸和分辨率会影响选手在游戏中的视野，所以为了公平起见，赛事主办方需提供参数完全相同的显示器供参赛选手使用。

鼠标键盘相当于电子竞技选手的"武器"。选手们通常可以自带用着顺手的鼠标与键盘，但是必须经过主办方的检查，确认没有问题后才能使用。

耳机不仅需要能更好地接收游戏内的音效和与队友交流沟通，而且需要能隔绝现场音响和观众的声音等噪音，在顶级赛事中有些选手为了能够更好地隔音及宣传赞助商品牌，往往佩戴两到三个耳机，如图 1-6 所示。

图 1-6

桌子的尺寸通常根据赛事需求而定，比如 FPS 类比赛的选手往往需要较大的空间充分保证操作顺手，赛事用桌一般就较大。

电子竞技游戏通常需要参赛人员投入较多精力并保持长时间坐姿，所以配备的座椅需要充分考虑舒适度。为了便于参赛人员操作以及加强游戏体验，电子竞技座椅设计需要符合人体工程学，而且因为参赛选手身高不同，电子竞技座椅应具备调节座椅高度和靠背倾斜度的功能。

摄像机在电子竞技赛事中有着重要作用，不管赛事是直播还是录播，都需要通过摄像机来拍摄，而后期视频制作、战队的战术复盘等也需要通过摄像机的录制才能实现。

在电子竞技赛事中，为了能够现场呈现比赛进展，需要布置大屏幕连接摄像机，从而提升现场观众的观赛体验，使得现场氛围不枯燥无味。

电子竞技赛事需要通过网络才能够正常进行。为了能够降低网络延迟对比赛的影响，多数主办方选择自理服务器供参赛选手竞技。但是在竞技赛场上，即便自行建立了服务器，仍需要通过连接外部的网络服务提供商才能真正地实现网络延迟的降低。

1.2　任务一　完成电子竞技赛事场地选取与布局设计

电子竞技赛事举办地点的选择十分重要，无论是租借场地还是自建场地，都应该充分考虑外部与内部各个方面的因素。外部因素指赛场周边环境、赛场周边游戏爱好者规模、交通环境等；内部因素指比赛区、选手休息区、观众区等的规划，赛事的规模越大，内部规划就要越详细。

> 任务要求

1. 学会设计赛事场地布局和功能区；

2. 学会设计赛事场地布局图与效果图。

1.2.1　子任务一：设计赛事场地布局和功能区

> 任务背景

小 Y 是某家电子竞赛赛事运营公司的赛事策划。某天，公司主管给了小 Y 一份某个城市赛事的前期需求书。该赛事已经完成前期的可行性分析和行政审批，将在 4 个月后举行。主管要求小 Y 在 1 周内给该项目做一份详细的赛事规划方案。为了完成任务，小 Y 首先对赛事需求进行深入的分析，积极收集材料，梳理赛事场地区域功能划分，筛选合适的比赛场地。

> 任务操作

查阅相关资料，收集赛事场地相关功能区域划分的信息，并填入表 1-1 所示的表格。

表 1-1　电子竞技赛事场地区域信息一览表

场地区域	区域设计要点	主要设施	其他说明
比赛区	例： ①比赛区域的设计规划应满足现场所有观众座位区的视野覆盖要求； ②为了方便参赛选手、工作人员出入，以及安全疏散等，需要设计多个通道		
观众区			
休息区			
导播区			

注：可另附页。

1.2.2　子任务二：设计赛事场地布局图和效果图

➤ 任务背景

小 Y 在了解了赛事需求后，初步设计了赛事场地布局和功能区，通过走访赛事的参与方，对接实际需要，对场地设计进行优化，并完成赛事场地布局图与效果图的设计。

➤ 任务操作

根据赛事的实际需求，小 Y 需要按照以下步骤完成主要工作。

① 收集场地尺寸信息并进行整理，根据实际情况制作区域划分样例，完成与供应商、赛事其他部门对接；

② 收集场地的档期信息、租金、其他费用，场地周边的交通、住宿、餐饮、医院等信息；

③ 设计赛事场地布局和功能区效果图，图 1-7 和图 1-8 所示的分别为功能区效果图和比赛区效果图。（效果图的设计难度较高，可根据实际情况选做。）

图 1-7

图 1-8

1.2.3　巩固思考练习

1. 电子竞技赛事的组织机构的设置通常跟什么有关？在赛事中主办方的作用是什么？

2. 电子竞技赛事赞助的实质是什么？独家赞助的定义是什么？

3. 电子竞技赛事场地设计流程为哪两个阶段？分别有什么作用？

1.3　任务二　完成电子竞技赛事计划与排期

电子竞技赛事的计划可以是战略计划，也可以是执行计划；可以是长期的，也可以是短期的；可以是一次性的，也可以是持续性的；可以是整体计划，也可以是具体计划。一般情况下，电子竞技赛事计划指的是执行计划，具备短期性、具体性和持续性的特点。

➢ 任务要求

① 设定电子竞技赛事目标；

② 掌握编制电子竞技赛事计划的方法。

1.3.1　子任务一：设定电子竞技赛事目标

➢ 任务背景

小 Y 完成了赛事场地选取与布局设计之后，就要考虑赛事筹备工作的计划以及对赛事排期进行合理的规划，而这首先需要设定赛事目标。

➢ 任务实施

在编制赛事计划前，需要首先设定赛事目标。电子竞技赛事的目标是赛事计划的统领，是制订计划的前提。好的赛事目标能发挥激励作用，将需求转化为动力，推动赛事各组织机构朝着既定的方向努力，进而实现赛事目标。赛事目标的设定可以基于赛事需求，根据 SMART 原则进行，如表 1-2 所示。

表 1-2　电子竞技赛事目标 SMART 原则设计表

目标	具体内容	相关要点
S（specific，具体的）		
M（measurable，可衡量的）		
A（achievable，可实现的）		
R（relevant，相关的）		
T（time-bound，有时限的）		

根据 SMART 原则设定目标应遵循如下步骤。

① 回顾组织机构的使命。使命是对组织目的的宽泛陈述，作为举办 / 承办电子竞技赛事的机构，在设定赛事目标时，应当回顾自己的组织使命，目标应反映使命。

② 评估可获得的资源。在设定目标时，综合考虑自己能够获得的资源。目标应具有挑战性，但是如果拥有的资源无法支持完成目标，那么目标的设定就是不合理的。

③ 与相关负责人共同确定目标。电子竞技赛事的目标涉及多个部门，目标的完成需要各部门的协作。为了设置可测量的、具体的目标，应当与相关部门的负责人充分沟通。

④ 将确定的赛事目标传达给必要人员。目标的实现需要相关人员的协作，因此需要他们对赛事目标有全面了解，促使他们对赛事目标进行深入的思考。

⑤ 对取得的结果进行评估以判断目标是否实现。设定目标的一个重要作用就是能够在事后根据目标对结果进行评估。

1.3.2　子任务二：掌握编制电子竞技赛事计划的方法

➢ 任务背景

小 Y 设定好赛事目标后,就需要编制电子竞技赛事计划了,小 Y 查阅了相关资料,找到了几种实用的编制计划的方法,然后付诸行动。

➢ 任务实施

方法 1：工作分解结构。

工作分解结构（work breakdown structure，WBS）是制订进度计划、资源需求、成本预算方案、风险管理计划和采购计划的重要基础。在电子竞技赛事的运营管理中,使用 WBS 能够有效控制项目推进,清晰展示出各项目之间的联系,防止遗漏工作,便于估算工作量和分配工作。编制 WBS 时有两种常见的分解方法：一种是按照实施过程分解,在对工作进行分解时以项目生命周期理论为依据,按照项目的不同阶段分解工作；另一种是按照项目的目标分解,将项目目标分解成若干个小目标,以目标为导向设置工作内容。

分解工作需要按照以下要求进行：

① 分解后的任务有明确的开始与结束,是可量化的；

② 分解后的任务彼此独立；

③ 编号应当表现任务之间的关系；

④ 应当包括整个赛事运营中所有涉及的任务。

分解的过程一般如下：

① 明确项目中的所有工作内容；

② 召集相关人员,讨论项目工作,确定分解方式；

③ 参考已有项目的模板，分解项目工作；

④ 绘制 WBS 图；

⑤ 确定项目编号，建立编号系统；

⑥ 在项目推进过程中，根据实际情况，修正 WBS 图，完善 WBS 字典。

方法 2：甘特图。

甘特图是一种项目进度图，是对简单项目进行计划与排序的工具。甘特图的原理十分简单，本质上可视作旋转后的条形图。

甘特图以时间为横轴，以项目中的活动为纵轴，条形可以显示计划时间与实际完成，表现任务完成的实际情况以及任务完成剩余时间，如图 1-9 所示。

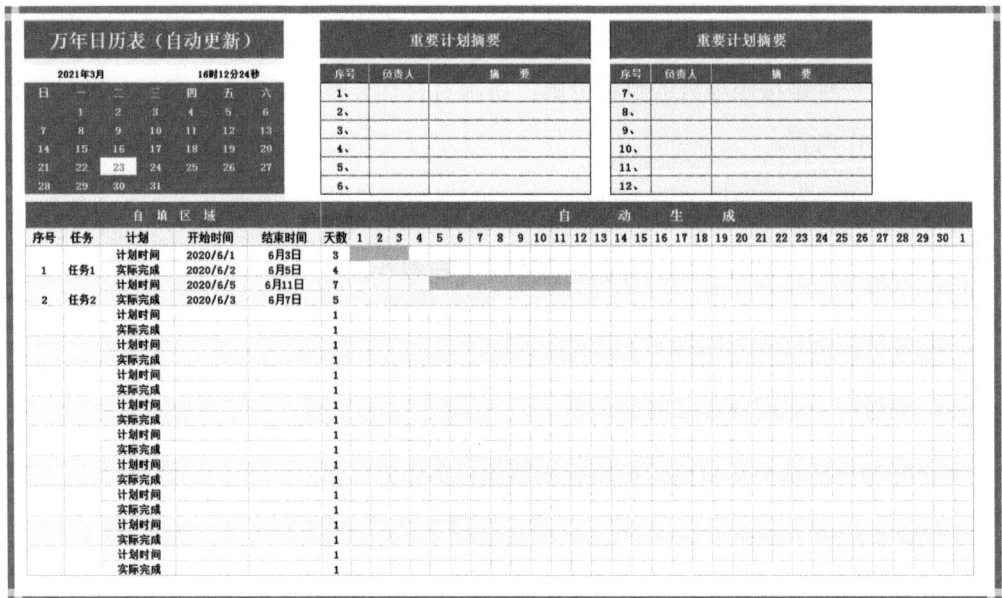

图 1-9

甘特图能够帮助管理者对工作进行监控，及时调整工作安排，将注意力集中于紧急任务，保证项目完成进度。

在电子竞技赛事的运营管理中，甘特图是一种有效的计划工具，通过任务活动的分配可以直接形成赛事计划。

甘特图具有清晰、直观的特点，易于理解，不需要进行复杂的计算和分析，但是甘特图有其局限性。由于图形简洁，所能容纳的信息量有限，甘特图并不能全面地反映所有工作以及工作之间的关系，尤其是在进行大型赛事计划时，由于任务关系复杂，使用甘特图表示计划不便理解，反而容易增加阅读难度。

方法 3：PERT 网络图。

PERT（program evaluation and review technique，项目评估和审查技术）网络图是一种流程图形状的图表，用来表现完成一个项目所需的各项活动的先后顺序以及每项活动所需要的时间。绘制 PERT 网络图需要掌握计划评审技术。

有 4 个与 PERT 网络图相关的重要术语：事件、活动、松弛时间和关键路径。事件是网络图的节点，代表活动的完成。活动代表一个事件到另一个事件所需要的时间等资源。松弛时间是指不影响项目总体推进情况下可以放松的时间量。关键路径是图中耗时最长的路径，决定了项目的整体耗时，关键路径上的所有活动都不具有松弛时间。

相较于甘特图，PERT 网络图能更好地展示任务之间的关系，显示更复杂的项目计划，呈现更详尽的信息。PERT 网络图的编制也更为复杂，而且应按照一定的顺序进行。

① 确定完成项目需要的每一项活动以及活动完成的标志事件。

② 确定这些事件的先后顺序。

③ 确定事件之间的关系，用箭头描述事件之间的关系，绘制网络图。

④ 估计完成每项活动的时间。

⑤ 根据 PERT 网络图与计划时间制订进度计划。

在确定完成每项活动需要的时间时，需要有经验的管理者对活动完成的最短时间（t_o）与最长时间（t_p）进行预估，并通过与正常预计完成时间（t_m）的加权平均来估算预计完成时间（t）。t 的计算公式为 $t=(t_o+4t_m+t_p)\div 6$。可以根据这个公式分别估算每个活动的预计完成时间，最后得到项目预计完成时间。

图 1-10 所示的 PERT 图展示了项目包含的各种活动的先后次序，标明了每项活动所需的时间或相关成本，描述了子任务之间的依赖关系。

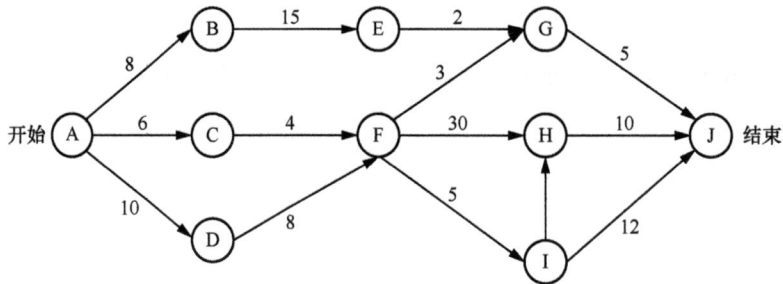

图 1-10

1.3.3 巩固思考练习

1. 电子竞技赛事制订赛制的目的是什么？较常用的赛事制度有哪些？

2. 电子竞技赛事流程分为哪几个阶段？第一个阶段的内容是什么？

3. 电子竞技赛事传播的作用是什么？赛事传播的目的是什么？

1.4 任务三 制作电子竞技赛事策划方案

电子竞技赛事策划就是根据已有信息，对电子竞技赛事相关事宜进行初步规划。

策划方案用于展示赛事活动的基本框架，说明计划举办的赛事的内容，主要包括电子竞技赛事名称与地点、举办机构、举办时间、赛事规模、赛事定位、宣传推广方案、招商计划、整体进度计划、现场活动计划及相关活动计划。

➤ 任务要求

1. 完成电子竞赛赛事策划方案的撰写；

2. 设计制作 PPT，并进行汇报。

1.4.1　子任务一：完成电子竞技赛事策划方案的撰写

➤ 任务背景

小 Y 完成赛事计划与排期工作后，就要着手完成赛事策划方案的撰写。此前两个任务的顺利完成为方案的撰写打下良好的基础。现在小 Y 需要整合相关内容，完成策划方案的撰写。

➤ 任务实施

一般来说，策划方案主要包括赛事名称、举办地点、举办机构、举办时间、赛事规模、赛事定位、预算方案、赞助商权益表、人员分工、招商计划、宣传推广计划、进度计划、现场管理计划、相关活动计划等内容。

（1）赛事名称。

赛事名称往往包括基本部分、限定部分和项目名称。基本部分往往用来说明赛事的形式，如锦标赛、邀请赛、联赛等；限定部分用来说明赛事举办的时间、地点，如"第3届""春季""夏季""校园""全国""上海"等；项目名称往往包含在单项赛事的名称这种。

除这 3 部分外，赛事举办方可能会根据赞助商的要求将赞助商品牌加入赛事名称，如"××杯××争霸赛"等。

（2）举办地点。

举办地点的说明包括举办的国家、城市，还包括举办场馆。举办场馆需要根据赛事规模、赛事定位，以及场馆使用成本、场馆排期及场馆设施和服务等因素确定。

（3）举办机构。

举办机构是指负责电子竞技赛事组织、策划、执行等事宜的组织机构。举办机构可以是企业、行业协会、政府，也可以是媒体。根据在赛事举办中作用的不同，往往可以将各机构分为主办方、承办方、协办方与支持单位。

（4）举办时间。

举办时间是比赛的开始时间与结束时间，还应当包括观众的入场时间。

（5）赛事规模。

赛事规模有 3 个方面的含义：场馆面积、参赛队伍与选手的数量、现场观众的人数。在策划赛事时，需要根据这 3 个方面的因素进行预测和规划。

（6）赛事定位。

赛事定位就是希望赛事传递给受众的形象与理念等。赛事定位包括目标观众、举办目标以及赛事主题等。举办机构需要根据自身的资源条件与市场调研的结果，确定自己的竞争优势，以便更好地树立形象。

（7）预算方案。

预算方案是在赛事举办前对赛事进行的费用方面的估计，包括场地租赁、宣传推广、物品采购等方面。

（8）赞助商权益表。

赞助商权益是指赛事运营机构在赛事过程中能提供的赞助商展示位及其定价，一般包括冠名、主持人口播、解说台展示等。在编制赞助商权益表时，需遵循定价规律，利于展示和观众流量大的展位，价格往往高一些。

（9）人员分工。

电子竞技赛事需要各种职能不同的人员参与，为了避免管理混乱、工作遗漏，需要对人员进行统筹安排，编制人员分工表。

（10）招商计划。

招商计划通常以 PPT 的形式呈现，展示对象是潜在赞助商。招商计划一般包括 5 个部分：①以图文形式完整、清晰地呈现赛事概况；②展示赛事亮点，包括官方认证等核心信息；③介绍赛事的基本日程与报名规则；④介绍赛事的运营机构与人员架构，展示赛事运营机构的专业性；⑤介绍赛事的可销售点位以及收费标准，提供推广计划。

（11）宣传推广计划。

宣传推广计划是为建立电子竞技赛事品牌、树立赛事形象而计划进行的一系列活动。宣传推广的目标包括吸引队伍 / 选手参赛、观众观赛以及赞助商赞助。

（12）进度计划。

进度计划是在实践上对赛事的招商、宣传推广与赞助商权益落地等工作进行的统筹安排。进度计划明确了电子竞技赛事筹办过程中不同阶段应当完成的工作。好的进度计划能够保证电子竞技赛事准备工作稳步有序推进。

（13）现场管理计划。

现场管理计划是电子竞技赛事从开幕到结束的安排，往往以台本的形式呈现，时间精确到分钟。现场管理计划安排得好，比赛现场将秩序井然，各个环节也能顺利进行。

（14）相关活动计划。

大型电子竞技赛事中往往在开幕、中场休息时有演艺活动，这些活动称为相关活动。

相关活动的规模各有不同，但都需要制订相应的计划。与足球、篮球等比赛不同的是，电子竞技每场比赛中场休息的到来时间都不确定，相关人员需要在后台随时准备上场。

1.4.2 子任务二：设计、制作 PPT

➤ 任务背景

小 Y 完成电子竞技赛事策划方案的撰写后，就需要向投资方和上级进行汇报，汇报一般需要结合 PPT 进行。现在，小 Y 首先需要设计和制作 PPT。

➤ 任务实施

首先根据策划方案的内容对 PPT 的内容进行编排，要选择合适、美观的模板进行设计，在这个过程中需要考虑的因素如下。

① 统一。包括整个 PPT 所有的页面中的文字、风格、版式、配色等元素的一致。

② 对齐。对齐页面所有的元素，创造更清晰和美观的效果，如图 1-11 所示。

图 1-11

③ 层次。PPT 页面上各个元素不要太过相似，以便观众迅速发现内容的逻辑关系。

④ 亲密。将同类元素组合在一起，简而言之就是分组、分类。

⑤ 平衡。版面保持左右平衡稳定，如图 1-12 所示。

图 1-12

⑥ 尺寸。尝试通过"设计"→"页面设置"→"幻灯片大小"更改 PPT 的比例，如 4 ：3、16 ：9 等，以适合各种尺寸的屏幕或投影。

完成 PPT 制作后，就要准备汇报，汇报时一般要注意以下原则。

① 10-20-30 原则。一个好的 PPT 通常不超过 10 张幻灯片，内容在于精不在于多；一场汇报的总时长不要超过 20 分钟，时间太长听众会走神；幻灯片的字号要大于 30，幻灯片的内容一定要精练——PPT 本身是用来提示的，不要把所有的内容都搬到 PPT 上，容易造成一种念 PPT 的效果。要在有限的时间里，用较少的、干练的语言将精华传递给听众。

② 用 15 个词作总结。把汇报的中心思想提炼成 15 个词语，在汇报中不断重复

这 15 个词语，可以达到加深记忆和强调内容的效果。

③ 有趣。汇报要让听众觉得有趣，要通过某种情感的表现感染听众。

④ 讲故事。汇报时可加入一些小故事，人们往往讨厌被说教，又很乐意在故事中得到启示。选取的故事一定要契合汇报主题。

⑤ 眼神交流。与听众要有充分的眼神交流，坚定的目光可以显示自信。但切勿长时间盯着一个人看，这会让人觉得不舒服。多环顾听众，发现听众走神的时候，目光可稍微停留在其身上，拉回其注意力。

⑥ 不要读幻灯片。读幻灯片会打断自己的思路，还容易增加听众理解所讲内容的难度，从而让听众对汇报失去兴趣。

⑦ 放慢语速。语速过快通常是紧张的体现，试着放慢语速，可以通过做有意义的停顿来达到强调的效果。

⑧ 提高音量。提高音量不代表大声叫喊，音量控制在确保所有听众能够听到即可。

⑨ 适当变换语调。总用一种语调讲话难免会让人昏昏欲睡，试着变换语调，突出重点词，在关键词后稍作停顿，留一些思考时间给听众。

⑩ 从听众的角度出发。有些人有一个认知误区：这么简单的东西大家都知道就不用讲了。实则不然，因为汇报者与听众之间存在认知偏差。一定要从听众的角度出发来确定哪些内容是可以被理解的、哪些内容是过于烦琐的。

⑪ 不要事先计划手势。事先准备好的手势看起来会不自然，任何手势都是汇报者传递信息的一个延伸，帮助传递情感。

⑫ 吸气而不是呼气。当预感要说呃、哦、啊等语气词时，可以停顿或者深呼吸一口气。虽然会略显尴尬，但通常很少有人能注意到。

⑬ "这是个不错的问题"。在汇报过程中，经常会有听众提问，可以不要急于回

答问题，多用"这是个不错的问题""我很高兴你问这个问题"之类的句子来为自己争取组织语言的时间。

⑭ 别忘了"B"键。在播放 PPT 时按下 B 键，屏幕就会变黑，听众的注意力就会转移到演讲者身上；继续使用 PPT 只需要再按一下"B"键就可以了。

⑮ 避免道歉。不要为自己准备不足或者紧张等道歉，这样只会传递不自信。其实，多数情况下，听众是感受不到汇报者的一些小小的紧张的。

⑯ 避免不必要的口头禅。一些口头禅会影响听众的感受，会不自然分散听众的注意力，而忽略回报者本身讲的内容。

⑰ 不要让身体挡住 PPT。事先安排好投影的位置，不要让投影的光打到自己身上。

⑱ 提早到会场。提早到达，熟悉环境，检查设备，确保不会有异常情况出现。提前熟悉汇报的场地也有助于消除紧张。

1.4.3　巩固思考练习

1. 电子竞技赛事中会存在哪些风险性问题？请简要描述。

2. 电子竞技赛事后勤保障是否有意义，请结合你的理解阐述。

学习单元 2

电子竞技赛事设计

单元概述

本单元的主要内容是电子竞技平面设计相关知识，包括平面设计基础、平面设计软件基础、案例分析，以及相关的实践任务等。

知识目标

了解平面设计的设计三要素、创意设计、创设能力概述；

了解平面设计软件中的 Photoshop 及其他软件。

技能目标

完成电子竞技赛事海报的设计；

完成电子竞技赛事包装的设计。

2.1 基础知识

平面设计，通常也称视觉传达设计，是以"视觉"作为沟通方式，综合应用符号、图片和文字构建图文信息，用来传达情感或信息的视觉表现形式。

2.1.1　平面设计基础

对于信息传达的诉求是平面设计具有信息传达效果的根本。平面设计信息传达的要素主要是文字要素、图像要素、色彩要素，各要素与设计创意融合和共同作用，构筑了平面设计完成信息传达的有效途径。平面设计信息传达的特点是信息传达具有准确性、丰富性和及时性，这些特点确保了平面设计信息传达的效果。

1. 设计三要素

文字、图像、色彩是平面设计的三大构成要素。这些要素在平面设计中担当着不同的角色，使平面设计的内容得到充分体现，信息得到有效传达。

（1）文字。

文字在平面设计中的作用不可小视，设计师一定要在文字上多花心思。文字造型要根据设计的主题和风格确定，不能跟整个设计风格背道而驰。文字的形状、读音、含义都是可以利用的设计元素。

字体设计通常会考虑采用书法字体或者装饰字体。书法字体的结构符合一定的形式美法则，能够塑造出极具活力的视觉表现形式，形美且意味无穷，如图 2-1 所示。装饰字体可采用拉丁文字或者其他文字，或整齐严谨，或活泼跳跃。

在同一幅平面设计作品中，文字的字体造型通常是一致的，大小则不一定是一致的。为了得到醒目的视觉效果，很多设计会对重点文字进行突显。当然，文字设计也需要遵循一定的原则，不能夸张地改变字体——文字的功能是传递信息，过分夸张的造型会影响信息传递。

此外，文字设计切忌杂乱无章，要真实、充分地表达出设计意愿。除了字体造型，排版也是文字设计重要的一环。排版是否具有美感，直接影响整体的视觉效果。字体的空间走向、笔画设计也都需要和谐，其中任何一项不到位，都会影响整个画面的协调。

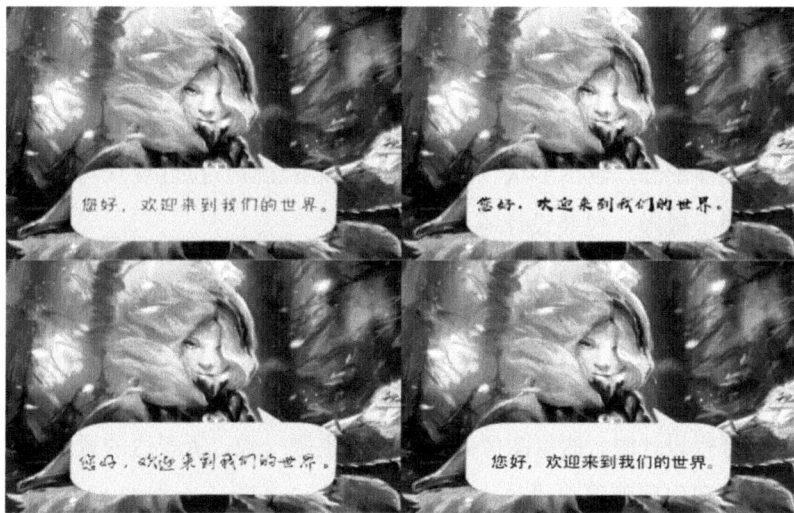

图 2-1

图 2-2 所示的是 DOTA2 的宣传海报，文字的排版与其他视觉元素相互融合较好，设计者合理地协调了整个设计画面。

图 2-2

（2）图像。

图像在平面设计中是一种强有力的视觉语言。与文字相比，图像更加直观，能强化画面传递的信息在人脑中的印象，易于理解和记忆。通过图像可以直接将设计理念真实地展示在观众面前。

图像又分为具象图像和抽象图像。具象图像能直观、真实地展现设计理念，自然地展现事物的具体形态，包括形状、色泽、质感和用途等，拉近观众与设计者的距离。具象图像多被用于摄影、包装设计等。

抽象图像既可以是简单的符号，也可以是由具象图像变化而来的图案，能给设计者广阔的想象空间。抽象图像是设计者高度精练的语言概括，具有非常强烈的象征性，让设计者突破各种条条框框的限制和束缚，充分发挥想象，最终使设计得到突破。在利用抽象图像进行设计时，抽象图像要与设计的主题一致，所表达的意图要契合主题，抽象图像的功能和作用都符合设计主题的属性。图 2-3 所示为 DOTA2 MDL 的赛事宣传海报。

图 2-3

事实上，各种各样的图像也可以被理解为是一种符号。这里我们所说的符号形态更加简洁，但其影响作用却是异常深刻的。不同于一般的数字符号，用于平面设计的符号元素具有更强的代表性和象征性，可以重组、变化、创新。在运用符号进行设计时，考虑要周到，因为不同地域的人对于符号的认知和理解是不一样的，一个符号在一个地方表示"吉祥如意"，在另一个地方可能就表示"邪恶"。图 2-4 所示为 DOTA2 的赛事宣传海报。

图 2-4

（3）色彩。

色彩无处不在。色彩主要有三大要素——色相、明度、纯度。在平面设计中合理地运用色彩，会使画面生动、深入人心，色彩处理得和谐统一，更容易触动观众的思想情感，从而产生共鸣。

色彩的搭配运用是视觉艺术的表现形式之一，必须要以遵循色彩构成的形式美法则为前提。色彩搭配合理，可以将色彩的审美功能充分地释放出来。在设计中，色彩具备主次关系，主次的安排要与设计主体相互呼应，这也是运用色彩的基本要求。

色彩是丰富且多变的，因此运用色彩时要注意不同色彩的对比与调和。色彩具有强烈的心理效应，比如红色会给人喜庆的感觉，代表吉祥、热情、激情，给人斗志，还会让人情绪激动、亢奋；蓝色，给人以清爽、舒适、干净利落的感觉，还代表着神秘和沉稳……这些都是色彩对心理的一种直接的影响。此外，色彩在很多时候还会引起人的联想，这属于间接的影响。设计者要利用色彩的特点，合理地将色彩运用到平面设计中，更好地拉近与观众的距离。要利用色彩的视觉冲击力，让观众更好地理解设计理念，从而给观众留下深刻印象。图 2-5 所示为 DOTA2 的赛事宣传海报。

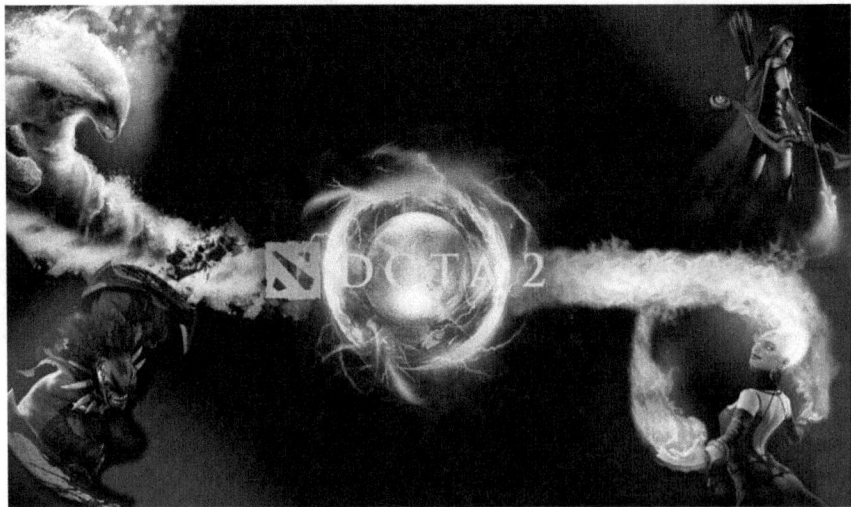

图 2-5

一幅平面设计作品成功与否，并不在于其视觉元素运用有多复杂、数量有多少，关键在于视觉元素运用是否合理，能否恰到好处地表达设计理念，突出设计主题。图 2-6 所示为中国 DOTA2 职业杯的赛事宣传海报。

图 2-6

2. 设计创意

设计创意即根据设计要求，运用艺术创意手段，将经过精心思考的文字、图像、色彩等要素进行创造性组合，最终形成一个意象并诉诸作品的过程。创意水平的高低取决于设计者的经验、艺术修养、审美趣味、创造力等因素。

在创意的形成过程中，要先根据设计要求和表现内容确定主题，并对主题进行风格定位，然后根据主题，调动知识积累进行联想、展开想象，让与主题相关的意象不断增加，随后选定一个或多个较为成熟的意象，最后结合观众的审美和理解能力确定设计风格，推敲作品主题的表达方式，完成文字、图像、色彩等要素的设计。

此外，还要从整体感对作品进行处理和调整，去除无益的细节。在设计创意的整个过程中，设计者的思想被作为一种信息传达出来。优秀的平面设计作品，需融入创意，巧妙地实现信息的传达。

（1）设计元素。

在平面设计作品中，所有可被融入设计的部分都可视作具有一定属性的元素，在平面构成中起各自的作用。这些元素可以分为以下类型。

概念元素：所谓概念元素是指那些不实际存在的、不可见的，但人们的意识又能感觉到的东西。例如我们看到某个图形，感觉到上面有点，感觉图形轮廓上有边缘线。概念元素包括点、线、面。

视觉元素：概念元素不在实际的设计中加以体现，是没有意义的。概念元素通常是通过视觉元素体现的，视觉元素包括图形的大小、形状、色彩等。

关系元素：视觉元素上如何组织、排列，是基于关系元素决定的。关系元素包括方向、位置、空间、重心等。

实用元素：实用元素指设计所表达的含义、内容、设计的目的及功能。

图 2-7 所示为 DOTA2 国际邀请赛的宣传海报。

图 2-7

（2）设计术语。

在创作过程中，无论是对于作品的整体设计还是对局部元素的把控，无论是三大要素各自的表现还是与之相关的构图组合，都包含常用的设计术语，这是作品设计创作过程中的重要考量点。部分设计术语介绍如下。

和谐：从狭义上理解，和谐的平面设计是统一与对比并存的，两者不是乏味单调或杂乱无章的。从广义上理解，和谐是指在判断两种以上的要素，或部分与部分的相互关系时，作品给人的感觉是整体协调的。

对比：又称对照，把质或量反差很大的两个要素成功地配列在一起，给人鲜明、强烈而又统一的感觉，成功使用对比可以让主体更加鲜明、作品更加活跃。

对称：假定在一个图形的中央设定一条垂直线，将图形分为左右两个部分，如果沿垂直线对折后左右两个部分的图形完全重合，就可以判定这个图形是对称的。

平衡：从物理上理解指的是重量关系，在平面设计中则指的是根据图像的形状、大小、轻重、色彩和材质的分布与视觉判断上的平衡。

比例：表示部分与部分，或部分与整体之间的数量关系。比例是设计构成中一切单位大小及各单位编排组合的重要因素。

重心：画面的中心点，就是视觉的重心点，画面图像的轮廓变化、图形聚散、色彩或明暗分布都可对视觉重心产生影响。

节奏：节奏具有时间属性，在构成设计上则指的是要素连续重复时所产生的运动感。

韵律：有规律变化的形象或色彩以某种方式排列，产生音乐般的的旋律感，则是韵律。

图 2-8 所示的是可口可乐的宣传海报。

3. 创设能力概述

创设能力，就是创作设计的能力，这里指的是在实际工作中所需要的将设计具象化的能力，是一种可以落实到纸面上、程序中的动手能力。

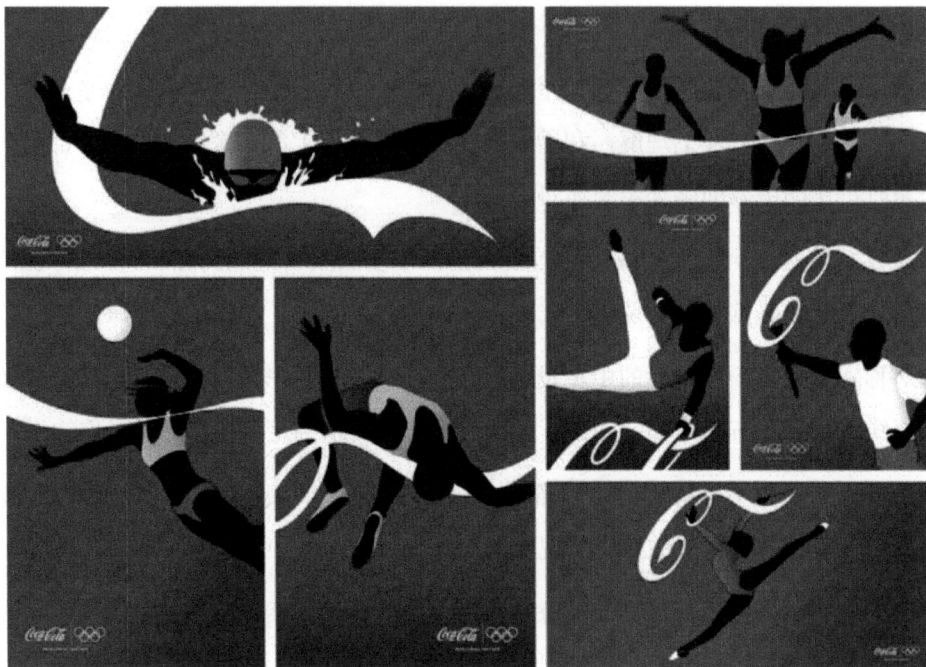

图 2-8

在工作中，平面设计师通常需要画大量手稿来明确脑海中的创意，通过反复调整和优化将设计基本定稿后，再进行具体的设计工作。

（1）手绘能力。

手绘能力是合格的电子竞技平面设计人员必备的基本功。手绘能力是提高设计工作效率的"利器"，其强弱决定设计师是否能迅速有效地表达想法和创意。

很多经典游戏作品，如《拳皇》系列、《魔兽争霸》系列和《星际争霸》系列等，都是从一些草图设计开始的。在游戏的初始设计阶段，游戏设计师通常会把脑海中的游戏世界和一些设计思路勾勒在草稿纸上。在平面设计的初始阶段，平面设计师也可以如此操作。

因此，出色的手绘能力是必不可少的，通过平时多临摹和学习设计草图，设计师可以通过对这些草图的绘制和创意进行提炼，提升自身的设计水平。通常手绘练习可以分为线条练习、透视体习、写生练习和创作练习四个大方向，只有通过合理安排和强化练习，手绘能力才可能在较短时间内得到提高。

（2）作图能力。

作图不同于手绘，作图是严谨的、一丝不苟的，需要运用工具辅助进行。举个简单的例子，画一根直线，手绘可以通过绘画能力获得一根相对较直的线条，而作图则必须运用尺子来完成。

平面设计大多需要作图能力。在现今数字化时代的大环境下，运用设计软件进行作图与绘图的能力十分重要，这意味着现在的设计者大部分时间要依赖计算机进行创作。图 2-9 所示为用计算机制作的震中杯 MAJOR 赛程表。

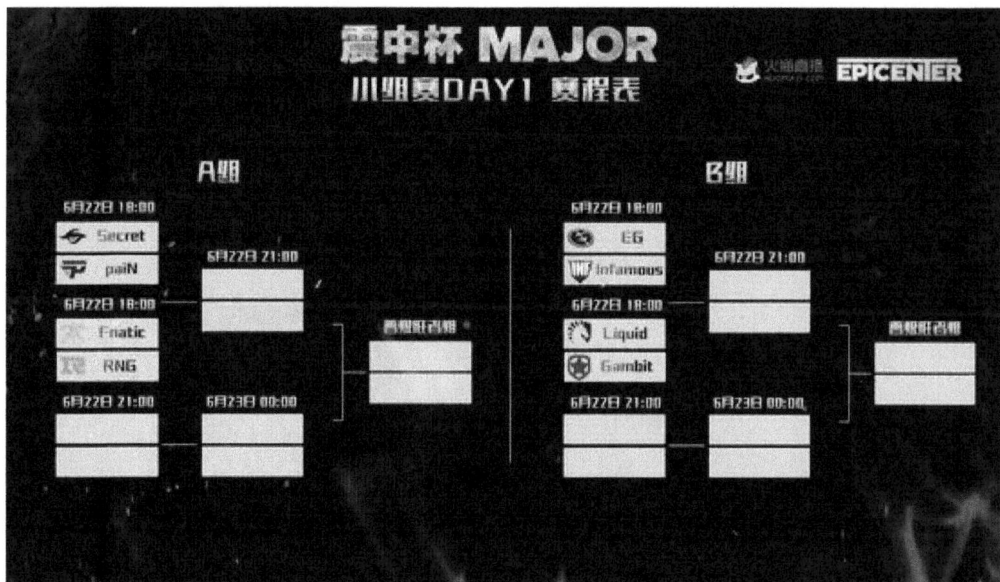

图 2-9

通常情况下，平面设计师并不需要学会使用很多软件，能熟练使用几款常用的或者自己喜欢的就可以，对其他软件只作简单了解便可。

一般来说，Photoshop 软件的众多强大功能足够让设计师完成日常工作中的所有设计任务。当然，其他设计软件也各有优点和应用场景，例如，SAI（全称 Easy Paint Tool SAI）软件用来画线条很棒，Adobe Illustrator 软件用来设计矢量图很方便等。

总之，一名合格的设计师一定要有使用得非常熟练的设计软件，这是保证设计工作得以顺利开展的前提。

（3）版式设计能力。

对电子竞技平面设计师而言，版式设计能力是最基本的能力之一，在做排版设计、信息交互等内容时需要版式设计能力。判断版式设计好坏的标准主要有构图是否有主次之分、色彩搭配是否合理、整体是否能够给观众带来愉悦等。好的平面设计师往往能通过版式设计来突出设计重点，带给观众视觉冲击力。图 2-10 所示为图书版式设计。

图 2-10

常见的版式构图方法主要有以下几种。

黄金分割构图：就是把一条线段分成两部分，其中一部分长度与整条线段长度的比，等于另外一部分长度与这一部分长度的比。实际中常用 2 ∶ 3、3 ∶ 5、5 ∶ 8 等比例关系作为黄金分割的近似值进行构图，确定主体的位置。在图 2-11 所示的图中，蓝线为黄金分割线，黄点为黄金分割点。需要注意的是，在完成构图的过程中，还应该考虑主体与陪体之间的呼应，同时还要考虑影调、光线处理、色彩的表现等，以便充分表达主题。

图 2-11

九宫格构图：有时也称井字构图，实际上属于黄金分割构图的一种形式。在画面上横、竖各画两条与边线平行的且三等分边线的直线，将画面分成 9 个面积相等的方块，在画面中的四个交叉点中选择任意一个点的位置来安排主体，就是九宫格构图，如图 2-12 所示。一般来说，这四个点是表现主体及呈现画面美感与张力的最佳位置，但在实际运用中还应考虑平衡、对比等因素。

对角线构图：一种十分常用的构图表现方法，画面中的线条所形成的对角关系使画面产生了极为明显的动感，利于表现纵深效果，如图 2-13 所示。透视效果能使物体轮廓变成斜线，可以用来进行对角线构图，引导人们的视线。

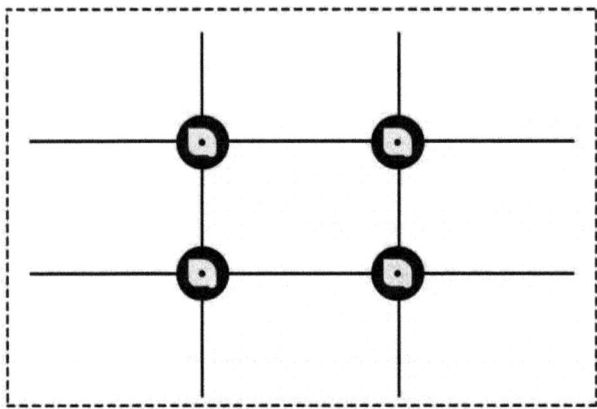

图 2-12

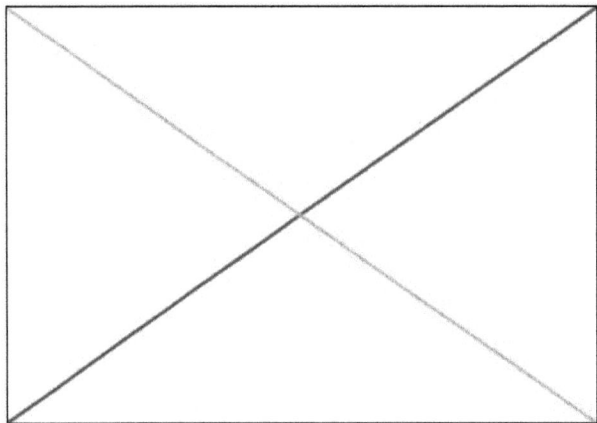

图 2-13

横线构图：在设计中会经常用到横线，如地平线等，运用这些横线进行构图，能使画面产生宁静、宽广、博大等象征意义。一般情况下，单一的横线构图要避免横线从中心穿过，可通过上移或下移横线进行规避。构图中所说的"破一破"就是在横线某一点上安排一个点，使横线断开。在创作中还会遇到多条横线的组合，此时可在部分横线的某一段上安排主体，使某些横线产生断线的变化，这种构图方法可以使主体突出。

竖线构图：构图中会经常出现的方式，通常用来表现坚强、庄严、有力。竖线构图比横线构图富有变化，比如使用对称排列透视、多排透视等都能产生想象不到的效果。

曲线构图：包含的曲线分为规则曲线和不规则曲线，用来表现柔和、浪漫、优雅。曲线构图在设计中应用非常广泛，表现手法也很多，如对角线式曲线构图、S 式曲线构图、横线式曲线构图、竖线式曲线构图等。需要注意的是，曲线和其他线条综合运用能得到更好突出的效果，但设计难度更大。

十字形构图：十字形是一条垂直线与一条水平线交叉形成的形状，如图 2-14 所示。无论线条是否存在倾斜，人们的着眼点，也就是视觉中心，都会落在十字形的交叉点上。十字形构图中，主体外的剩余面积较大，因而能容纳较多的背景或陪体。十字形构图在实际运用中不宜使两条线等长；交叉点通常也不在两条线尤其是垂直线的中点上，而是在垂直线的靠上的位置。十字形构图给人一种安全、平和、庄重和神秘的感觉，但同时也可能导致画面呆板，故要合理使用。

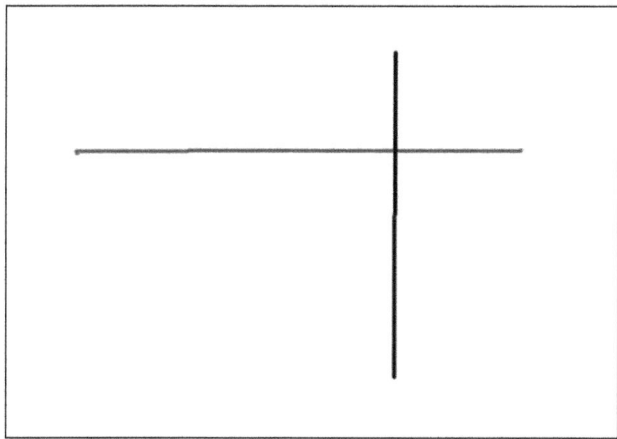

图 2-14

三角形构图：将画面中的主体放在三角形中或画面中的元素本身构成三角形，如图 2-15 所示。三角形构图在体育、汽车广告中运用比较频繁。

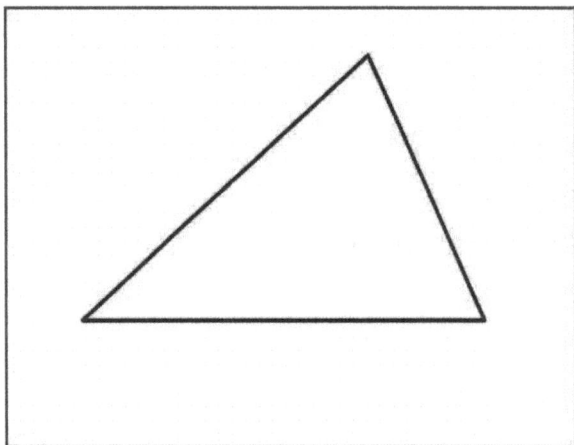

图 2-15

　　V 字形构图：富有变化的一种构图方法。V 字形构图一般用在前景中，作为前景的框式结构来突出主体，如图 2-16 所示。V 字形可以不止一个，只有一个 V 字时画面容易给人不稳定的感觉，而有两个 V 字时则会使画面看起来更稳定。

图 2-16

（4）融创能力。

指融合创作能力。平时多观摩一些好的平面设计、美术、摄影、雕塑等领域的作品，养成积累素材和记录灵感的好习惯。此外，还要注意收集不同行业的创意设计，关注生活和热点，这样才有利于提升自己的审美，丰富设计创意。

（5）表达能力。

平面设计的过程，是一个将文字、图像、色彩通过创意视觉化、符号化的过程，最终目的是实现信息的传达。

在平面设计中要重视信息传达的准确性，这是平面设计的重点之一。设计者要找寻最准确的语言，在整合创意、设计元素，及最终的视觉化、符号化过程中，做到信息传播的有效、准确。信息准确可以让观众在最短的时间内接收最多的信息，从而增加作品被接受的程度。

在平面设计中要重视信息传达的及时性。所要传达的信息一经形成，传播的速度越快，被受众接受的时间越早，实现的价值就会越大。

2.1.2 平面设计软件

在电子竞技赛事运营领域，平面设计人员通过各种电脑软件来完成设计。根据用途、目的及复杂程度的不同，可以选择不同的工具进行平面设计。

1. 最主流、最常用的工具——Adobe Photoshop

Photoshop 是 Adobe Systems 公司开发和发行的图像处理软件，功能非常强大，主要处理由像素点构成的数字图像，可以有效地对图片进行编辑并进行创作。

（1）Photoshop 的运用场景。

在平面设计中，Photoshop 已经应用于产品包装、海报、POP 广告、图书等的设计、印刷和制作等各个环节。使用 Photoshop 还可以绘制风格多样的插画和插图、影视原画、游戏原画，以及进行网页设计、电商设计、摄影后期处理、三维动画模型贴图设计，建筑设计及室内效果图后期制作等。

（2）Photoshop 的工具简介。

① 移动工具（快捷键：V）：用于移动图层选区里的图像。与它并列的是画板工具。

② 椭圆选框工具（快捷键：M）：创建椭圆形状的选区。与它并列的是矩形选框工具、单行选框工具、单列选框工具。

③ 多边形套索工具（快捷键：L）：创建直边选区。与它并列的是套索工具、磁性套索工具。

④ 魔棒工具（快捷键：W）：选择色彩相似的图像区域。与它并列是快速选择工具。

⑤ 裁剪工具（快捷键：C）：裁切或扩展图像的边缘。与它并列的是透视裁剪工具、切片工具、切片选择工具。

⑥ 图框工具（快捷键：K）：为图像创建占位符。

⑦ 吸管工具（快捷键：I）：从图像中吸取颜色。与它并列的是 3D 材质吸管工具、颜色取样器工具、标尺工具、注释工具、计数工具。

⑧ 污点修复画笔工具（快捷键：J）：移去标记或污点。与它并列的是污点画笔工具、修补工具、内容感知移动工具、红眼工具。

⑨ 画笔工具（快捷键：B）：绘制自定义画笔描边。与它并列的是铅笔工具、颜色替换工具、混合器画笔工具。

⑩ 仿制图章工具（快捷键：S）：使用来自图像其他部分的像素绘画。与它并列的是图案图章工具。

⑪ 历史记录画笔工具（快捷键：Y）：将图像的某些部分恢复到以前某个环节的

状态。与它并列的是历史记录艺术画笔工具。

⑫ 橡皮擦工具（快捷键：E）：将像素更改为背景颜色，或者使它们透明。与它并列的是背景橡皮擦工具、魔术橡皮擦工具。

⑬ 渐变工具（快捷键：G）：创建颜色之间的渐变混合。与它并列的是油漆桶工具、3D 材质拖放工具。

⑭ 模糊工具（暂无快捷键）：用来模糊图像中的区域。与它并列的是锐化工具、涂抹工具。

⑮ 加深工具（快捷键：O）：调暗图像中的区域。与它并列的是减淡工具、海绵工具。

⑯ 钢笔工具（快捷键：P）：通过锚点与手柄来创建和更改路径或形状。与它并列的是自由钢笔工具、弯度钢笔工具、添加锚点工具、删除锚点工具、转换点工具。

⑰ 横排文字工具（快捷键：T）：添加横排文字。与它并列的是直排文字工具、直排文字蒙版工具、横排文字蒙版工具。

⑱ 路径选择工具（快捷键：A）：选择整个路径。与它并列的是直接选择工具。

⑲ 矩形工具（快捷键：U）：绘制矩形。与它并列的是圆角矩形工具、椭圆工具、多边形工具、直线工具、自定义形状工具。

⑳ 抓手工具（快捷键：H）：在图像的不同部分间平移。与它并列的是旋转视图工具（快捷键：R）。

㉑ 缩放工具（快捷键：Z）：放大或缩小图像。

（3）Photoshop 的常用快捷键。

① Ctrl+T：自由变形。该快捷键主要对图层进行旋转、缩放等变形调整，也可以拖动修改图层在画面中的位置，是极为常用的功能键。

② Ctrl+J：复制图层。对图层的复制，一般的操作是通过图层菜单栏选择，或者

直接在图层面板上右键单击图层的下拉菜单中选择。该快捷键不仅能复制图层，还能复制高光层、阴影层，在修图、调色、合成等设计环节中是很常用的功能。

③ 数字键：图层不透明度变化。在图层面板中，选中图层后，直接按数字键即可修改该图层的不透明度，1 即 10%，以此类推，0 即 100%。

④ TAB：工作区窗口显示 / 隐藏。主要作用是让工作区全屏，只保留菜单栏，隐藏工具栏和各种面板窗口，以最大的工作区显示，以便有更大的视域来观察、设计等。

⑤ Ctrl+Alt+A：选中所有图层。

⑥ Ctrl+G：图层编组。

⑦ D：复位颜色。Photoshop 默认的前景色和背景色为黑色、白色。做了一段时间的设计后，难免会遇到颜色已经不再是黑白而又想用到黑白的时候，这个时候，只要按下键盘快捷键 D 即可恢复默认状态了。

⑧ X：切换前景色和背景色。

⑨ Ctrl+I：反相。在选中图片图层的情况下，按下该快捷键的作用是得到该图片的负片效果。

⑩ 空格键 + 鼠标左键：移动画布。

⑪ Ctrl+D：取消选区。

⑫ Shift+Alt+M：切换成"正片叠底"模式。在使用画笔工具或者污点修复画笔工具时，按此快捷键，可以把当前的绘画模式从默认的"正常"切换到"正片叠底"模式。

⑬ Shift+Alt+S：滤色模式。

⑭ Shift+Alt+O：叠加模式。

⑮ Shift+Alt+F：柔光模式。

⑯ Shift+Alt+Y：明度模式。

⑰ Shift+Alt+W：线性减淡（添加）模式。

⑱ Shift+Alt+C：颜色模式。

⑲ Alt+,：选中"背景图层"。有时文件中的图层已经相当多，想要选中最下面的"背景图层"都要鼠标滚轮滑动好久，所以快捷键"Alt+,"就非常有用了，瞬间选中"背景图层"。

⑳ Ctrl+R：显示标尺。在工作时"标尺"的存在还是很实用的，而它显示 / 隐藏的快捷键则是"Ctrl+R"。

㉑ Ctrl+Shift+Alt+N：创建新图层。按下该组合快捷键，则会在当前选中图层上方直接创建一个新的透明图层。

㉒ Ctrl+Delete：填充背景色。直接为选中的图层 / 对象填充背景色。

㉓ Alt+Delete：填充前景色。直接为选中的图层 / 对象填充前景色。

㉔ Ctrl+F：重复执行滤镜。此快捷键的作用类似于 Word 中的"格式刷"，就是再次执行上一次使用的滤镜。比如，对图层 1 做了"高斯模糊"后，如果再选中图层 2，按快捷键 Ctrl+F，则图层 2 就同样被"高斯模糊"了。当然，也可以反复对同一个图层执行 Ctrl+F。

㉕ Ctrl+0：缩放至工作区。在各种缩放操作中，快捷键 Ctrl+0 的作用是把当前画布 / 图片缩放到适配工作区，即图片铺满整个工作区。

㉖ Ctrl+1：缩放至 100%。即把画布或图片按照其真实尺寸 1 ∶ 1 在 Photoshop 中显示，但如果是很大的图，那么无疑将超过工作区面积，无法看全整张图。也可以直接使用快捷键 Ctrl++ 或者 Ctrl+- 来缩放。

㉗ Shift+Alt+ 鼠标左键：设置前景色。在画笔或者油漆桶工具被选择的情况下，

按此快捷键会激活调色板，鼠标的移动则会直接设置前景色。

㉘ Shift+Alt+N：正常模式。当画笔工具处在正片叠底的绘画模式时，按下此快捷键则可以一秒让"绘画模式"回归"正常模式"。

（4）Photoshop 的几种常用功能。

① 移动：可以对 Photoshop 里的图层、照片进行移动。

② 选框：负责建立某种形状的选区，可以用来抠图；只有选区内的图像可以修改。

➢ 矩形选择工具：可以对图像选一个矩形的选择范围。

➢ 椭圆选择工具：可以对图像选一个椭圆的选择范围。

➢ 单行选择工具：可以对图像在水平方向选择一行像素。

➢ 单列选择工具：可以对图像在垂直方向选择一行像素。

③ 裁切：用来对图像进行裁切。

➢ 裁切工具：可以对图像进行剪裁，选择后一般出现八个节点框，用户可以用鼠标对着节点进行缩放，用鼠标对着框外可以对选择框进行旋转。

➢ 透视裁剪工具：将拍摄歪斜的照片扶正，多用于证件照。

➢ 切片工具：对照片进行分割，多用于网页制作。

④ 套索。可按住鼠标左键不放进行拖曳创建一个不规则的选择范围，一般可用于对图像进行粗略的选择，多用来进行抠图。

➢ 多边形套索工具：可用鼠标在图像上某点定一点，然后进行多线绘制，选中要选择的范围。路径都是直线，类似于钢笔。

➢ 磁性套索工具：像具有磁力一般的套索，无须按住左键而直接移动鼠标，会出现自动吸附的线，这条线总是走向不同颜色的边界处。

⑤ 快速选择 / 魔棒。用鼠标对图像中某颜色单击一下即可对整个图像颜色进行选择。"快速选择工具"的主要作用是快速选择图片上颜色差异比较大的区域，而"魔棒工具"则是利用容差数值来获取附近区域相同的颜色，选取后最好羽化 1 ～ 2 个像素，二者都多用于抠图。相比之下，用快速选择工具更方便一些。

⑥ 文字。用于在图像中输入文字，选中该工具后，在图像中单击一下便出现文本框，即可输入文字。

2. 其他工具

（1）美图秀秀。

美图秀秀是由厦门美图网科技有限公司推出的一款免费影像处理软件。其主要优势有如下几个方面。

① 使用简单快捷，压缩、裁剪等常用的图片处理操作难度极低且快速。

② 滤镜丰富，直接点击套用，任何人都能轻松上手，学习成本极低。

③ 有专门针对人像图片的处理功能，如磨皮、美白、去红眼等效果。

④ 有在线版，不必下载软件。

（2）格式工厂。

格式工厂是由上海格诗网络科技有限公司开发、面向全球用户的软件，是一款针对视频、音频、图片等文件的格式转换工具。

（3）Adobe Illustrator。

Adobe Illustrator，简称 AI，是一种应用于标准矢量插画编辑的软件。该软件主要应用于出版印刷、海报设计、图书排版、专业插画绘制、多媒体图像处理和互联网页面制作等，也可以为线稿提供较高的精度和较准确的控制。

（4）图怪兽 / 秀米等在线工具。

图怪兽是一款图片在线编辑器，用户可通过平台在线挑选模板，通过替换文案、添加 logo、排版等步骤进行制作，最终可生成图片，并支持云端存储、下载等功能。

秀米是一款专用于微信平台公众号的文章编辑工具，提供很多模板素材，可以用来设计专属风格的文章排版。秀米编辑器还内置"秀制作"及"图文排版"两种制作模式，使页面模板及组件更加丰富多样。

2.1.3　案例分析

图 2-17 所示为 DOTA2 Ti10 比赛的宣传海报。这张海报的设计结构很简单，就是将关键信息居中摆放，中间向两边展开的内容是游戏中的诸多英雄，最中间、最靠前的"C 位"则呈现游戏中最具代表性的英雄。所有英雄脚下的烟雾效果及整体偏暗的环境都营造了游戏中的光影风格。

图 2-17

在所有英雄的身后，白色的球状建筑是 Ti10 决赛的场馆，这个设计很巧妙地将虚拟的游戏角色与现实的决赛场馆融合了起来。通过观察可以看到背后场景的两侧是对称的、像门一样的建筑，英雄们正是站在门内背对场馆的，这意味着决赛即将揭幕。最后，英雄的正下方、非常显眼的位置有赛事名称及游戏 logo。

该海报的布局结构非常简单，但关键的信息表达得很完整。

图 2-18 所示为 DOTA2 Ti10 线上勇士令活动的宣传海报。勇士令是 DOTA2 项目特有的活动，可以众筹赛季冠军的奖金。所以除了赛事整体黑金色的配色特点，画面中还有两个最显眼的信息：一个是有发光特效的金额数，另一个是巨大的 Ti 赛事 logo。人们习惯在看完左边的重点信息后，会不自觉地观察右边，所以真正想要宣传及推广的信息被放在了右侧。

图 2-18

这样设计是非常巧妙的，看上去完整的一幅海报被分成了左、右两块功能不同的区域，左边吸引注意力，右边则起到信息传递的作用。另外，左半区相对松散的布局很好地缓和了右边布局的密集，避免画面给人拥挤、枯燥的感觉。

图 2-19 所示为 DOTA2 Ti10 的线下场馆的宣传海报。可以看到，海报依然遵循人们的观看习惯设计。在最显眼的画面中间位置，放置的是赛事 logo 及线下观赛活动的 slogan。这种设计方法可以让观众一眼就能从海报中了解海报的主题内容。观众顺着最引人注目的关键信息往下看，可以很自然地看到底部的"观赛点申请"按钮。

图 2-19

这张海报还能让观众产生很强的代入感——海报的视角是观众的第一视角，这样的设计会给观众一种"与各英雄一起看比赛"的感觉。

2.2　任务一　设计电子竞技赛事海报

现有一场 DOTA2 的全国高校联赛即将开始，小 Y 需要为该赛事做一系列的平面设计工作。赛事主办方已经提供了 logo 和一些游戏素材，小 Y 需要根据赛事方提供的素材设计宣传海报和主题海报。小 Y 被告知必须强调电子竞技红蓝对抗的色调，体现高校赛事的关键信息，另外还要展示比赛的项目"DOTA2"。

➤ 任务要求

1. 设计电子竞技赛事宣传海报；

2. 设计电子竞技赛事主题海报。

2.2.1　子任务一：电子竞技赛事宣传海报设计

➤ 任务背景

小 Y 需要根据赛事方案及比赛项目设计 DOTA2 全国高校联赛宣传海报。海报要体现电子竞技红蓝色对抗的特征，要包含赛事关键信息、比赛项目的名称及 logo。

➤ 任务实施

本次任务是为 DOTA2 全国高校联赛设计一张赛事宣传海报，成品参考图 2-20 所示。

图 2-20

要完成此设计，首先需要使用 Photoshop 设计一张基础海报，具体操作如下。

① 打开 Photoshop，新建空白文档，空白文档预设选择"A4"，标题设置为"DOTA2赛事海报"，具体参数设置如图 2-21 所示。

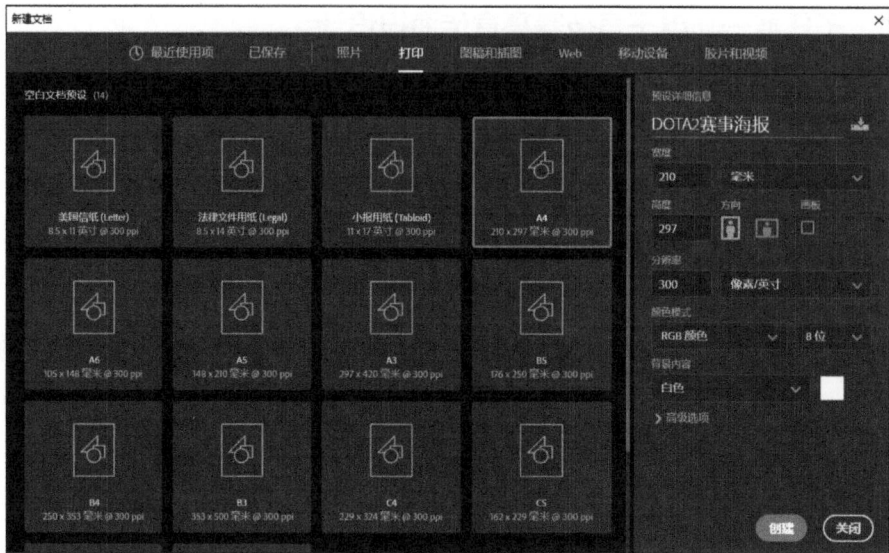

图 2-21

② 导入一张 DOTA2 游戏图片，如图 2-22 所示，调整大小和位置后按回车键。

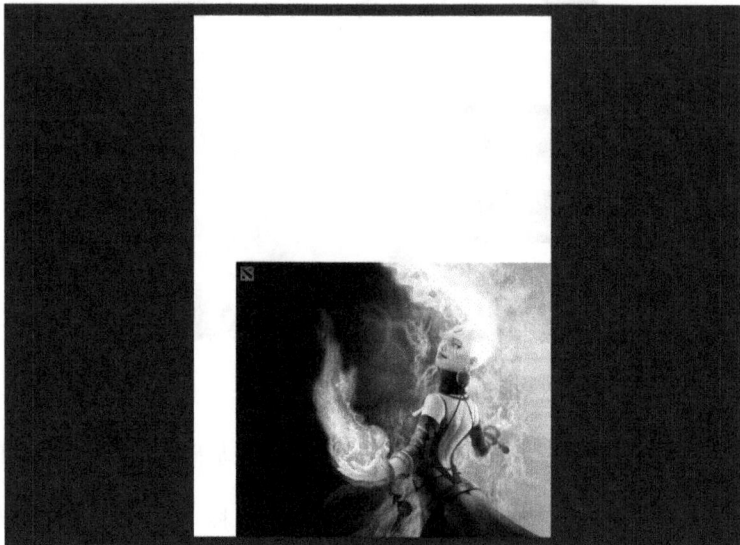

图 2-22

③ 选择多边形套索工具，按住 Shift 键沿图片右下角绘制选区，如图 2-23 所示。

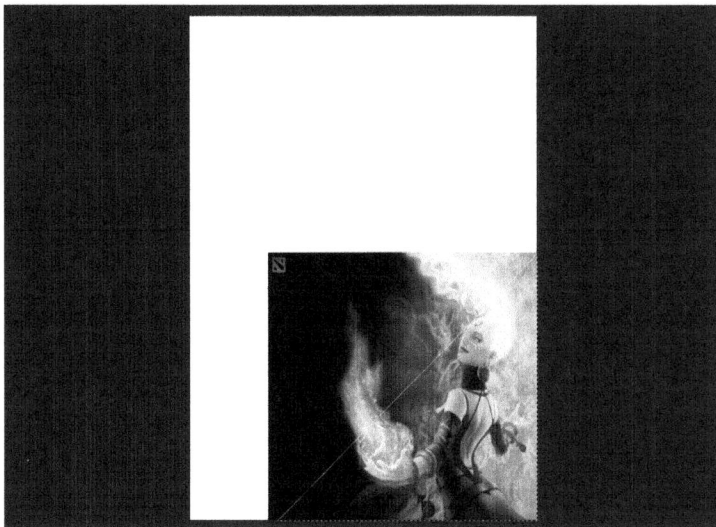

图 2-23

④ 保持选区选中状态，单击界面右下角的图层蒙版命令，效果如图 2-24 所示。

图 2-24

⑤ 右键单击当前图层，在弹出的菜单中选择"栅格化图层"，如图 2-25 所示。

图 2-25

⑥ 导入另一张游戏图片，调整位置和大小后按回车键，如图 2-26 所示。

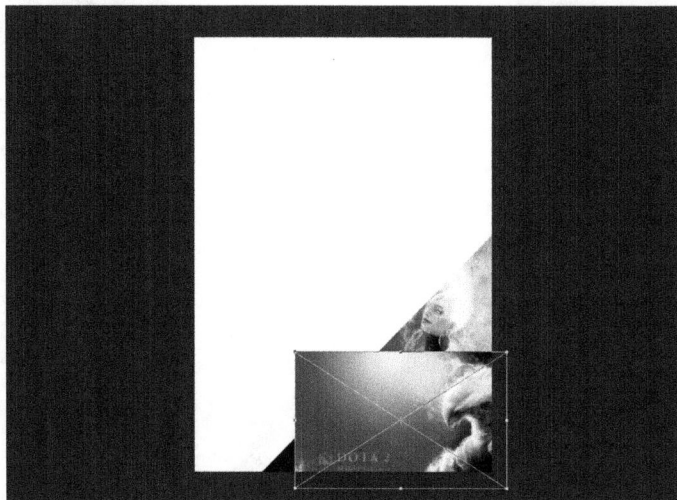

图 2-26

⑦ 使用多边形套索工具将刚导入的图片右下角选取出来，并添加蒙版和栅格化图层，效果如图 2-27 所示。

图 2-27

⑧ 导入第 3 张游戏图片，调整位置和大小后按回车键，使用多边形套索工具将图片左上角选取出来，如图 2-28 所示。

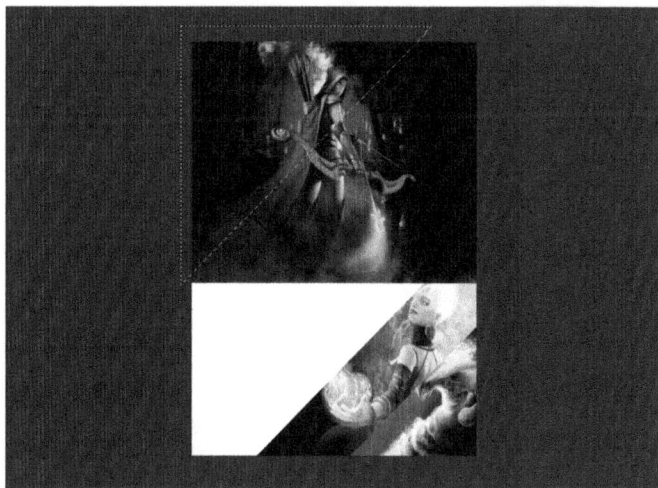

图 2-28

⑨ 为步骤⑧导入的图片添加蒙版并进行栅格化图层操作，效果如图 2-29 所示。

图 2-29

⑩ 导入第 4 张游戏图片，调整位置和大小后按回车键，使用多边形套索工具将图片左上角选取出来，如图 2-30 所示。

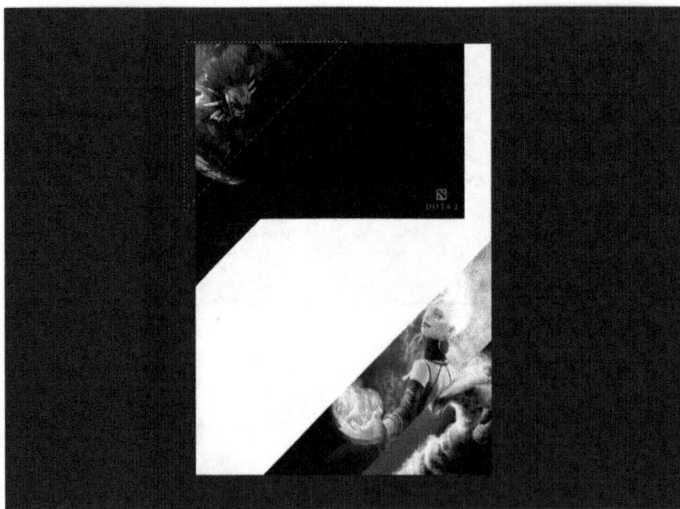

图 2-30

⑪ 为步骤⑩导入的图片添加蒙版并进行栅格化图层操作，效果如图 2-31 所示。

图 2-31

⑫ 新建图层，选择矩形工具，绘制一个矩形，调整好位置大小后按回车键，并对其执行"栅格化图层"操作，效果如图 2-32 所示。

图 2-32

⑬ 使用油漆桶工具对步骤⑫绘制的矩形填充颜色，如图 2-33 所示。

图 2-33

⑭ 选择横排文字工具，在矩形内输入赛事口号文本并设置格式，效果如图 2-34 所示。

图 2-34

⑮ 输入赛事名称、赛事宣传文案等，调整字体大小和字符间距，如图 2-35 所示。

图 2-35

⑯ 添加游戏 logo，调整大小并放置在合适的位置，如图 2-36 所示。

图 2-36

至此，赛事海报的设计已经全部完成，最终效果见图 2-37。

图 2-37

2.2.2　子任务二：电子竞技赛事主题海报设计

➤ 任务背景

完成宣传海报的设计后，小 Y 还需要完成主题海报（成品如图 2-38 所示）的设计。

图 2-38

➢ 任务实施

主题海报的设计思路与宣传海报的基本相同。但主题海报的设计会有部分优化与细节调整，以提升作品的感染力。例如，宣传海报是纵向的，而主题海报是横向的；电子竞技红蓝色对抗的色彩特征表现更加明显；游戏角色的表现力进一步加强；通过对联赛标识的 UI 化设计，logo 更加精美等。如图 2-39 所示。

图 2-39

1. 版式设计

在进行海报设计时，往往会强调海报的总体设计风格。

要体现某种对立或冲突的时候，对比法往往是用得最多的表现手法。对比法会通过特定的方式将需要对比的元素放在鲜明的对照和直接对比中来表现，互相对比，互相衬托。

在应用对比法进行海报设计的时候，会进行横向对比和纵向对比。对比之后找出不同之处，通过直接又富有变化的表现手法，鲜明地强调参与对比的对象的特征，给观众更好的视觉感受。

版式选择横向还是竖向需要根据实际需求决定。在本任务中，宣传海报设计成纵向的，适合张贴。但放在赛事主办方的网站的海报设计成纵向的，则难以表现海报的感染力。

另外，横向海报的适用范围更广，如可用于赛场布置、赛事包装等。横向海报还有一个重要属性就是宽屏比，在电子竞技赛事的横向海报设计中，16∶9是最合适的选择。图2-40所示的是赛事主办方官网上的主题海报效果。

图 2-40

2. 构图设计

构图方式千变万化。在众多的竞技体育类海报中，对称、平衡被大量地运用。然而，对称与平衡的构图缺少变化，常会给人一种呆滞、单调的感觉。如何做到既避免呆板又能在变化之中确保视觉效果的稳定，是一个设计难点。

黄金分割构图法可以让画面看起来更自然、舒适，让人赏心悦目，广泛应用在报刊、网页的设计，摄影，绘画，VI 设计等领域。但在倡导公平的竞技体育领域的海报设计中，运用对称与平衡的思路是符合大众审美的，黄金分割的比值 0.618 并不能很好地体现公平对抗，因此不能生搬硬套。

在本任务中，要运用对称、平衡的思路进行构图，但要避免画面呆板，因此对于分割线的处理上使用斜线的设计，并且结合黄金分割比例将分割线演化为错位斜切的布局，为后续放置 logo 预留空间，如图 2-41 所示。这样做可以使 logo 成为串联双方的重要元素，体现出一种既相互冲击又对称、平衡的设计理念。

图 2-41

3. 配色设计

在单机游戏时代的双人对战模式时，红色与蓝色就已经是分别代表双方玩家的标志色。时至今日，在电子竞技游戏中红蓝对抗已成为大众的共识，红蓝配色也成为竞技游戏画面的经典方案。红色代表生命、激情、活跃、燃烧、征服，蓝色象征深邃、智慧、沉稳、理性、效率。

除了红色和蓝色，还可以使用各自的相邻色，如橙、黄与青、紫等，作为点缀，使得画面的色彩层次更加丰富，同时让这些色彩的含义（如橙色的明亮与辉煌、青色的优雅与洒脱）融入画面。

图 2-42 所示为配色效果。

图 2-42

4. 形象设计

绝大部分图片轮廓的处理有难度，设计师通常会运用图形分割排版的方式进行整合，常见的如照片墙等。这种处理方式在画面融合上其实是欠佳的。如果能使画面对象摆脱框架的束缚，则会让画面对象更加鲜活、立体，这样做虽然难度较大，但能获得非常好的视觉效果。

在本任务中，除了游戏形象的立体表现外，排版布局也是极其重要的。在角色位置安排上，选用三角形分布来展示双方阵型，寓意铁三角的稳定性，对应游戏里的机制与设定。同时，选择不同类型的角色组合，也会增加画面的感染力，与游戏内容相得益彰。另外，根据各个角色的特征进强化特效的，如红色方的火焰，蓝色方的冰霜，可使画面更加生动。

图 2-43 所示为形象设计效果。

图 2-43

5. 主题设计

本次主题设计主要围绕联赛标识，也就是 logo 进行。之前确定了海报采用横向设计，构图设计采用错位斜切布局且预留了 logo 的位置，如图 2-44 所示。

图 2-44

矩形代表规范与稳固，并且更适配当前的错位斜切中线设计，比圆形更合适作为本海报的 logo 框架，所以可以采用双斜切色块框架的设计思路，logo 框架的初稿如图 2-45 所示。

图 2-45

接下来考虑配色问题。海报的主题是电子竞技，红蓝配色无疑是首选。本任务的设计要突出电子竞技的对抗与激情，所以主色可以选择暖色系的，如红色、橙色等。

由于海报主体色调已经运用了红蓝对色，因此 logo 不宜使用同主体色调的红色。可以采取橙色为主、红色为辅的思路，运用透色叠加产生层次渐变，最后用淡薄的投影产生体积感，使 logo 传递目标、荣耀、希望等含义。图 2-46 所示为 logo 框架的配色效果。

图 2-46

为 logo 框架的文字选择的字体不能过于呆板，也不能过于活泼，而且倾斜的角度不宜过大，能表现一定的动感即可。考虑到全国高校联赛是大学生竞技比拼、身心娱乐的一项活动，可对 logo 作进一步的修饰，适当运用几何图形与彩带进行点缀，更能体现本主题设计的活力，如图 2-47 所示。

图 2-47

将设计好的游戏 logo 置入主题海报后，还需要关注当前赛事标识的合理展示。DOTA2 作为全国高校联赛中的项目，它的相关内容应该与当前 logo 框架产生一定关联。在尝试几种布局、排版后敲定图 2-48 所示的表现手法，其中背景的光晕是设计亮点。

图 2-48

对目前效果反复审阅后发现，比赛项目信息未能很好地融入主题，主题的平衡感有所欠缺，单纯的几何框架不能很好地支撑目前的文字信息。在经过多次尝试与微调后，在左上方增加奖杯元素能有效地解决上述问题。

另外，奖杯元素使用了彩炮与彩带元素。彩带寓指明艳动人、美丽、榜样等，能代表荣耀，从而点缀奖杯。

经过上述设计，本任务的主题 logo 形成了一个整体，各元素和谐共存，能够很好地表现高校联赛的魅力，如图 2-49 所示。

图 2-49

2.2.3 巩固思考练习

1. 在海报设计中，字体的大小与样式如何体现电子竞技赛事的活力和激情？

2. 哪些色彩搭配方案经常用于传达电子竞技赛事的情感和氛围？

2.3 任务二 设计电子竞技赛事包装

电子竞技赛事宣传方面还有很多需要设计的东西，如现场易拉宝、赛事周边物品、宣传册等，这些东西设计得精美可以吸引更多观众。另外，在电子竞技赛事直播中，观众往往希望能有多个不同的比赛画面同时呈现，尽可能少错过精彩的画面，这就需要对直播视频制进行包装。总体来说，通过各种优秀的设计呈现赛事信息，可以引起观众持续关注。

➢ 任务要求

1. 设计电子竞技赛事物料包装；

2. 设计电子竞技赛事直播包装。

2.3.1　子任务一：电子竞技赛事物料包装设计

➢ 任务背景

小 Y 接到任务，要根据赛事策划方案设计易拉宝。易拉宝是一种放置于地面的、展示竖幅海报的物料，如图 2-50 所示。

图 2-50

➤ 任务实施

本任务基于"DOTA2 全国高校联赛"展开，具体工作是设计用于易拉宝的海报，成品如图 2-51 所示。

图 2-51

这样的一张易拉宝海报，显然可以使用 Photoshop 设计，具体操作如下。

① 打开 Photoshop，新建一个空白文档，将名称设置为"DOTA2 易拉宝制作"，选择宽度和高度的单位为"厘米"，并将宽度设置为"80"、高度设置为"200"，将分辨率设置为"150"、颜色模式设置为"CMYK 颜色"，具体参数设置如图 2-52 所示。

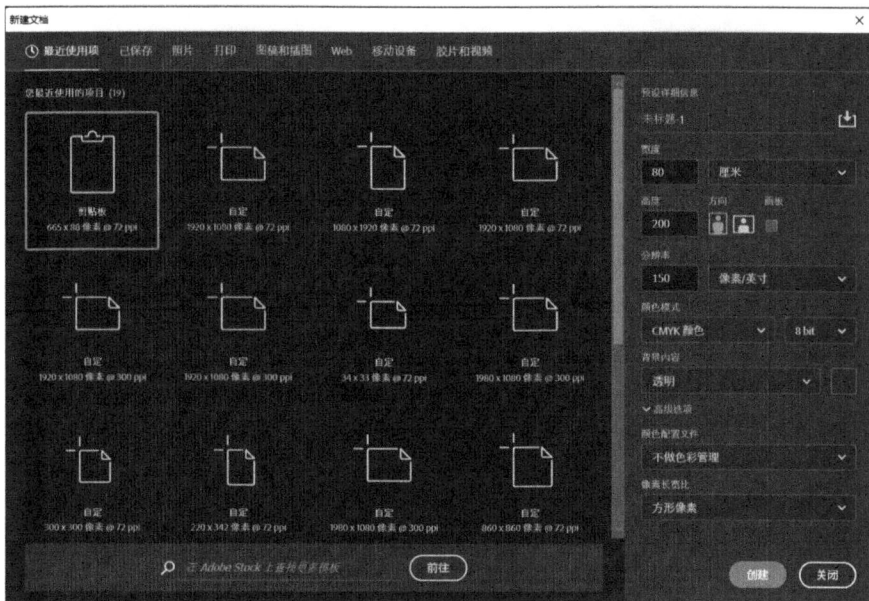

图 2-52

② 选择油漆桶工具，将前景色设置为"4D6E77"，如图 2-53 所示。

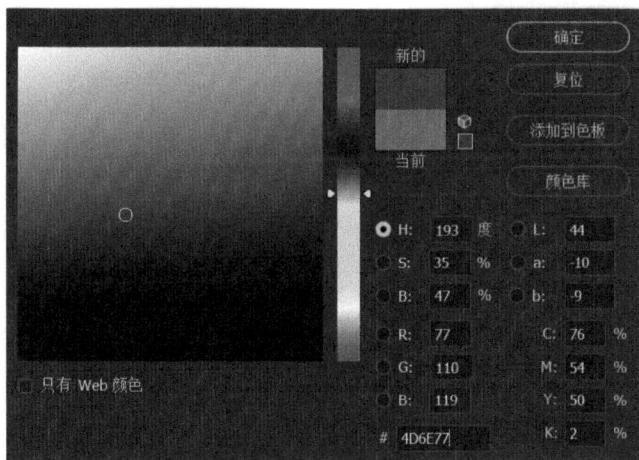

图 2-53

③ 按 Alt+Delete 组合键填充前景色，如图 2-54 所示。

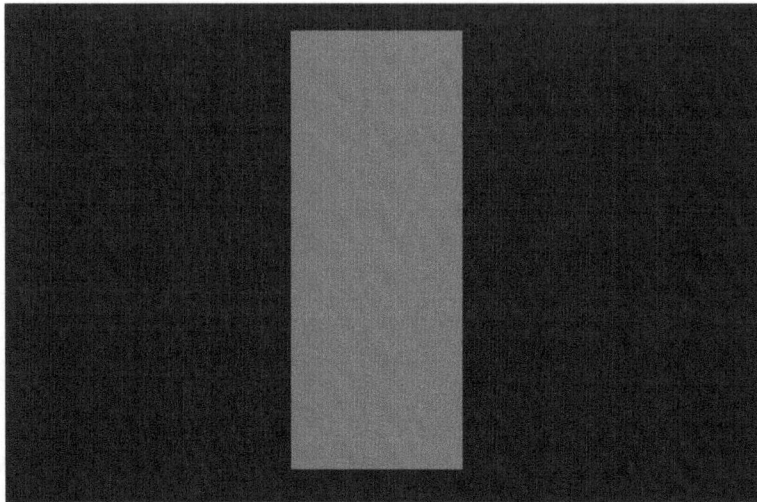

图 2-54

④ 导入一张 DOTA2 的素材图片，调整好位置和大小后按回车键，如图 2-55 所示。

图 2-55

⑤ 在右侧的图层界面右键单击这张素材图片的图层，选择"栅格化图层"，如图 2-56 所示。

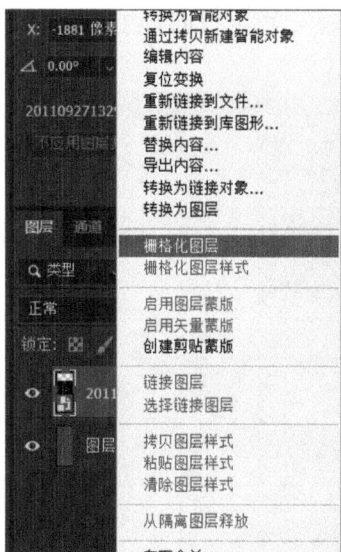

图 2-56

⑥ 新建图层，不改变前景色，使用画笔工具在新图层涂抹素材图片的边缘，使图片与背景色过渡自然，并形成一种撕裂的效果，如图 2-57 所示。

图 2-57

⑦ 选择横排文字工具，输入文字"DOTA2"，如图 2-58 所示。

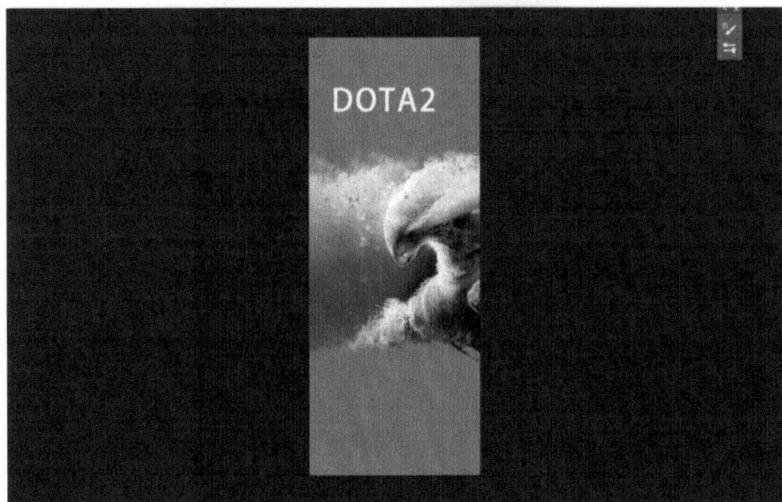

图 2-58

⑧ 设置字符的参数，并调整好文字位置，按 Ctrl+Enter 组合键，如图 2-59 所示。

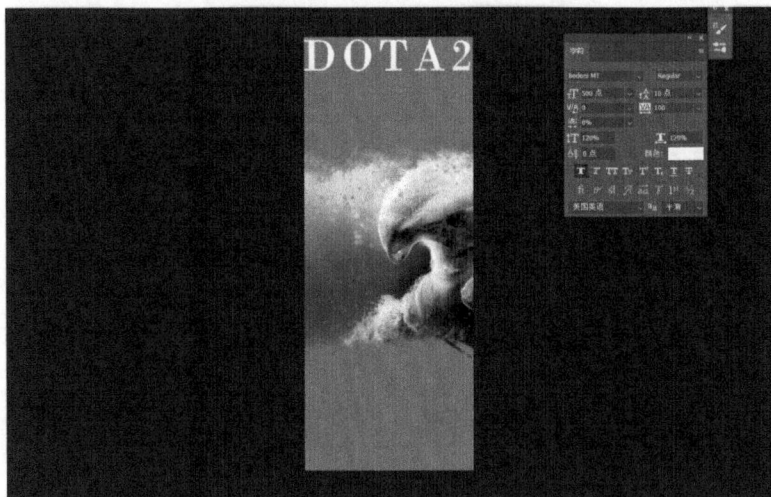

图 2-59

⑨ 选择横排文字工具，分别输入"全国""高校联赛"，如图 2-60 所示。

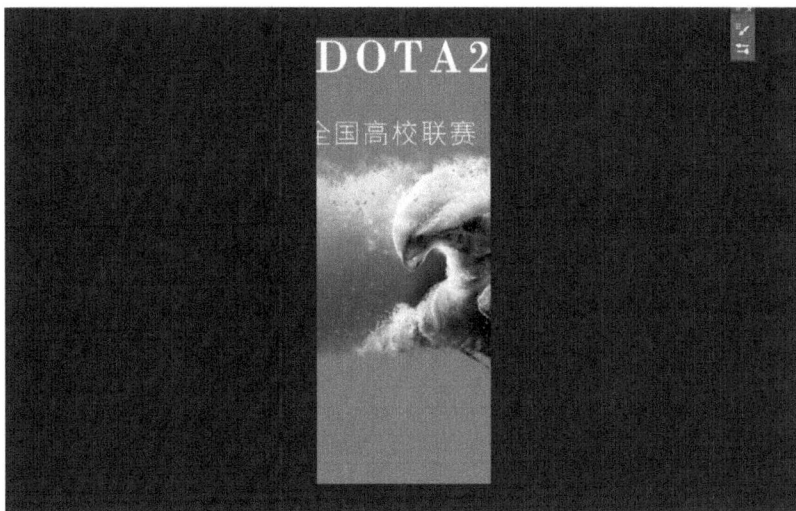

图 2-60

⑩ 设置字符样式，字体选择"思源黑体 CN"，颜色选择"E0CF8F"，其他具体参数如图 2-61 所示。

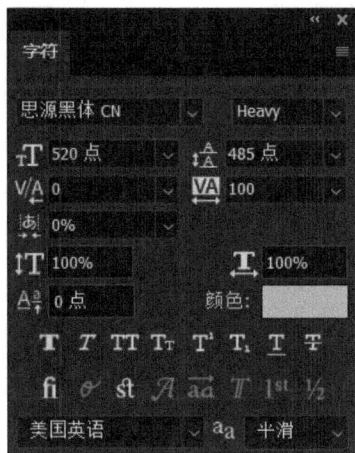

图 2-61

⑪ 调整好文字位置和大小后按 Ctrl+Enter 组合键，效果如图 2-62 所示。

图 2-62

⑫ 选择横排文字工具，输入赛事口号等文字并设置格式，如图 2-63 所示。

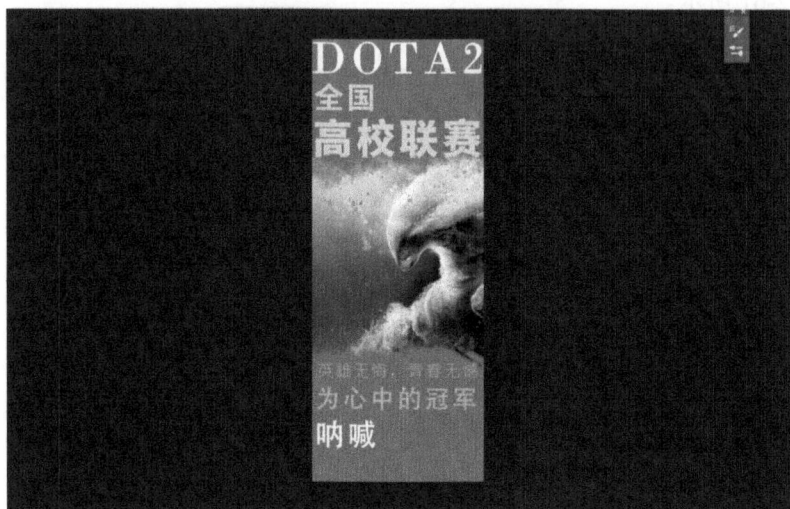

图 2-63

⑬ 调整文字位置及大小，设置"英雄无悔，青春无憾""为心中的冠军"的字体颜色为"71BEAE"，设置"呐喊"字体颜色为白色，其余具体参数见图 2-64、图 2-65 和图 2-66。

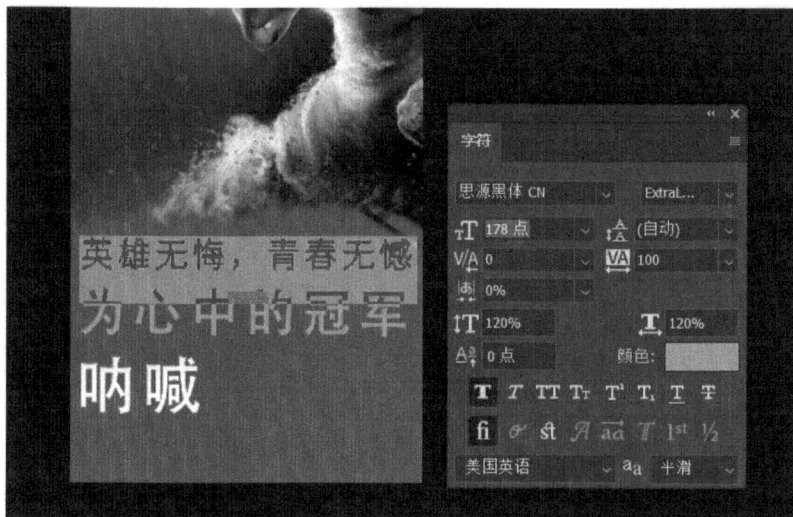

图 2-64

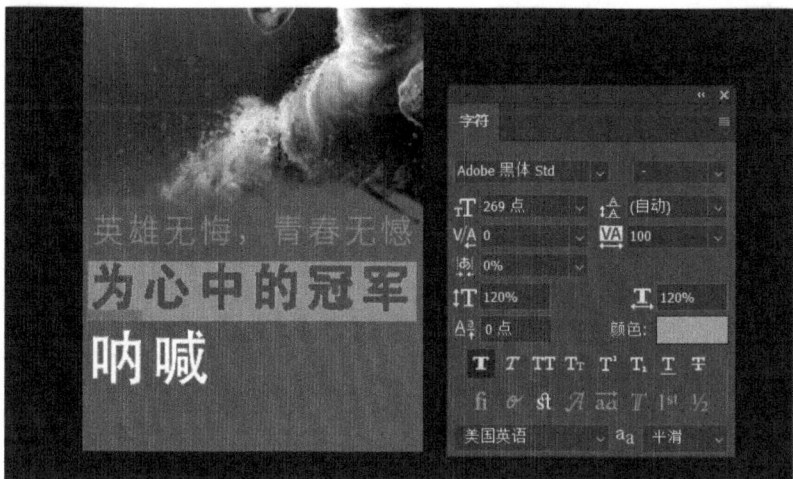

图 2-65

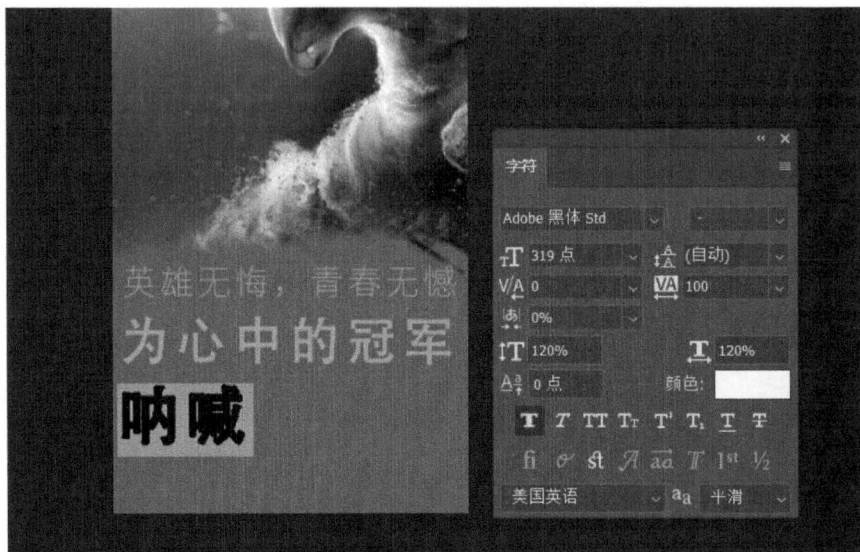

图 2-66

⑭ 导入赛事 logo，调整位置及大小，按回车键，如图 2-67 所示。

图 2-67

至此，赛事易拉宝的设计已经全部完成，最终效果见图 2-68。

图 2-68

2.3.2　子任务二：电子竞技赛事直播包装设计

➤ 任务背景

小 Y 接到任务：为本次赛事的直播进行包装设计。此任务实际上是要求根据赛事的游戏项目和策划方案，制作符合主题要求的直播包装。

➤ 任务实施

本次赛事为 DOTA2 全国高校联赛，其直播包装的成品如图 2-69 所示。

图 2-69

完成设计的具体步骤如下。

① 打开 Photoshop，新建一个空白文档，文档名称改为"DOTA2 高校赛直播包装板"，具体参数设置见图 2-70。

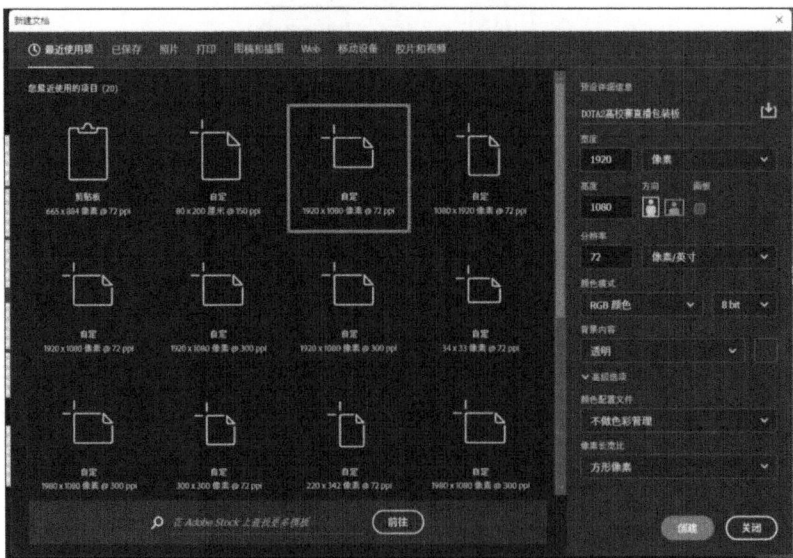

图 2-70

② 导入背景图片，如图 2-71 所示。

图 2-71

③ 使用矩形工具框画出一个矩形，作为装备栏，如图 2-72 所示。

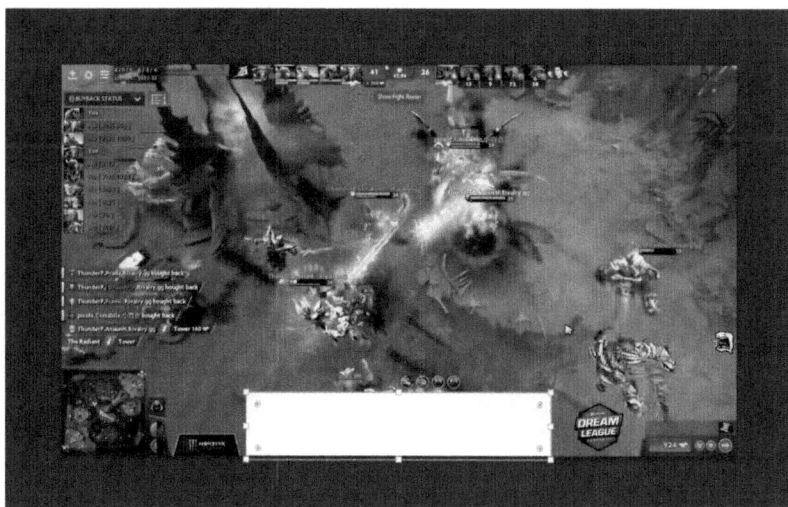

图 2-72

④ 使用矩形工具框画一个比第一个矩形大一点的矩形，填充为黑色，如图 2-73
所示。

图 2-73

⑤ 选中白色矩形图层，在左边工具栏选择"直接选择工具"，点击白色矩形的锚点，
如图 2-74 所示。

图 2-74

⑥ 在上方工具栏选择"减去顶层形状"，会出现图 2-75 所示的画面。

图 2-75

⑦ 选中两个矩形图层，单击鼠标右键，在右键菜单选择"合并形状"，如图 2-76 所示。

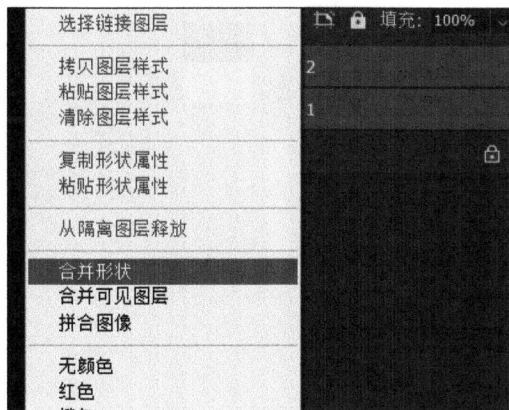

图 2-76

通过以上操作，空心矩形就制作完成了。如图 2-77 所示。

图 2-77

⑧ 双击图层缩略图，将图形颜色改为黑色，如图 2-78 所示。

图 2-78

⑨ 使用矩形工具创建两个矩形，分别遮挡左下角和右下角，如图 2-79 所示。

图 2-79

⑩ 使用矩形工具，创建一个矩形，遮挡画面下方中间区域左侧的黑边，并用红色填充，调整位置和大小后按回车键，如图 2-80 所示。

图 2-80

⑪ 复制步骤⑩绘制的矩形，用蓝色填充，拖曳到画面下方区域右侧，用于遮挡右侧的黑边，如图 2-81 所示。

图 2-81

⑫ 使用矩形工具创建一个矩形，确定好位置大小后按回车键，如图 2-82 所示。

图 2-82

⑬ 选择一种颜色填充矩形，具体参数如图 2-83 所示，也可自行选择颜色。

图 2-83

⑭ 复制步骤⑫的矩形并拖曳到右侧，如图 2-84 所示。

图 2-84

⑮ 使用矩形工具创建一个矩形，调整好位置和大小后按回车键，如图 2-85 所示。

图 2-85

⑯ 用红色填充这个矩形，也可自行选择颜色，如图 2-86 所示。

图 2-86

⑰ 复制步骤⑮的矩形,调整好其位置、大小后按回车键,并用蓝色填充,如图 2-87 所示。

图 2-87

⑱ 使用横排文字工具,在步骤⑫和步骤⑭创建的矩形中分别输入文字,这是直播赛事时双方队伍的队名,在每场直播前根据赛程进行更改,如图 2-88 所示。

图 2-88

⑲ 使用横排文字工具，在步骤⑮和步骤⑰创建的矩形内分别输入文字，这是直播赛事时双方队伍的得分，直播时根据比赛进行情况随时更改，如图 2-89 所示。

图 2-89

⑳ 使用横排文字工具，在画面下方中央输入赛事的名称"DOTA2 高校赛"，如图 2-90 所示。

图 2-90

㉑ 分别在包装板左下角和右下角加入赛事 logo，如图 2-91 所示。

图 2-91

至此，赛事直播包装板的设计已经全部完成，最终效果如图 2-92 所示。

图 2-92

2.3.3　巩固思考练习

1. 包装设计要传达电子竞技赛事的品牌形象，需要考虑哪些要素？

2. 请收集一些优秀的电子竞技赛事包装设计，归纳其共同特点。

学习单元 3

电子竞技赛事执行

单元概述

本单元的主要内容是电子竞技赛事执行相关知识，包括电子竞技赛事后勤管理、案例分析等内容。

知识目标

了解电子竞技赛事后勤管理的概念与内容、赛事的接待服务、赛事的交通管理、赛事的安全管理和医疗卫生管理、赛事现场突发事件管理等。

技能目标

制作电子竞技赛事执行手册；

完成电子竞技赛事的 Rundown 表制作；

完成电子竞技赛事后勤管理的物料清单制作。

3.1 基础知识

3.1.1 电子竞技赛事后勤管理

1. 赛事后勤管理的概念与内容

电子竞技赛事后勤管理主要是指为工作人员、参赛选手、嘉宾等电子竞技赛事参与人员提供接待、交通、安全、住宿、餐饮、物料、医疗等服务，对电子竞技赛事相关物品进行采购、保管、使用，以及对电子竞技赛事资金进行保管等一系列活动的总称。电子竞技赛事后勤管理以资产管理为核心，以提供物质保障和技术保障为手段，以电子竞技赛事活动高效运转为目的，是电子竞技赛事的基础和关键。要想使电子竞技赛事成功举办，须对赛事后勤进行科学的管理，保证各个方面密切协作。

电子竞技赛事后勤管理的主要内容包括赛事的接待服务、赛事的安全管理、赛事的医疗卫生管理和赛事现场突发事件管理等。

即时思考：对于为期只有一天的电子竞技比赛，后勤管理是否有必要？

2. 赛事的接待服务

一般而言，赛事的主办方需要为参赛选手、教练、领队、工作人员、嘉宾等提供住宿、餐饮、交通等接待服务。

赛事接待服务工作较为特殊，其服务对象是人，工作内容会因服务对象不同（如选手、媒体人员的需求不一样）而存在差异化，工作质量也容易引起社会舆论的关注。例如，2017 年世界电子竞技运动会（world electronic sports games，WESG）比赛过程中，选手下榻的酒店问题频出，导致选手搬出酒店，引起媒体的关注并争相发文报道此事，给 WESG 的品牌形象造成了一定的负面影响。

赛事接待要有服务精神。尽量满足服务对象的合理要求，在无法满足的情况下，及时反馈并上报；对接待对象参与活动/赛事的方式予以专业指导；对相关突发情况进行合理的处置和解释。

（1）赛事接待服务的一般步骤。

① 了解服务对象的需求。结合所有可用于接待服务的资源，对接待服务工作进行整体规划。须根据不同人员的需求，合理采购、安排相关物资。

② 制定具体的接待方案。根据赛事条件制订服务的标准，条件允许的情况下尽可能满足甚至超过接待对象的期望；条件不允许，则需要提前告知对方原因，提供合理的解释和说明，取得对方的理解。

③ 在接待服务的过程中，对服务对象需求的变化及时做出反应，并根据实际情况做出调整；对接待工作中出现的各类问题快速、积极地处理，避免出现不必要的抱怨，尤其是要做好与媒体沟通的相关工作。

④ 赛事结束后，对接待服务工作中的文件资料进行整理、备案，并对接待服务工作进行综合评估，总结经验教训，撰写报告。

（2）赛事接待的主要内容。

① 住宿服务。

住宿服务是接待工作的重点和难点。做好住宿服务要提前确定接待对象的类别，按照类别分配房间，在保证"待遇公平"的同时兼顾特殊人员的需求。比如，选手的住宿应以安全、安静为首要原则，而媒体则应安排在不同的宾馆，以防打扰到选手；要结合各类接待对象的人数、规格、抵离时间等因素确定接待宾馆，尤其要注意房间数量，预留超编人员的住宿；要依照接待对象对住宿时间、地点的需求分配接待宾馆；

要组织开展对宾馆相关人员的培训工作，提高服务人员的素质与责任意识；对各接待宾馆的周边环境进行布置，防止干扰等。

此外还要注意，选择住宿宾馆通常优先考虑安全、私密性，再综合考虑性价比、与赛场的距离、舒适度。

② 餐饮服务。

做好餐饮服务，要提前了解和掌握各类接待对象的餐饮需求，结合可调动资源确定各类接待对象的用餐类别、用餐时间等。餐饮选择的优先级排序一般为安全、送餐速度与性价比、口味。

餐饮服务是十分重要的环节，要围绕赛事日程、活动时间提前做好餐饮服务方案。其中，用餐类别包括固定用餐和非固定用餐。固定用餐分为宾馆接待用餐和场馆固定用餐；非固定用餐包括快餐、零食及饮品。用餐时间需要根据不同接待对象的特点确定。例如，记者的工作时间很长，只要新闻中心还没有关门，就应继续提供餐饮服务；选手用餐的时间则应当紧密结合赛事日程进行安排。需要注意的是，必须提前了解服务对象的民族、宗教信仰、口味喜好、过敏食物等诸多因素，征询服务对象的饮食习惯，尤其要准确记录不同对象的饮食禁忌。

③ 交通服务。

交通服务主要包括两个部分，第一个部分是指服务对象抵达和离开比赛城市时的接送服务，第二个部分是比赛期间的市内通勤服务。

做好接送服务需要制订详细、周密的方案，内容一般包括接送对象、抵离时间、接送路线、站点设置等，并根据接待人数、时间安排车辆的类型和数量，确定各阶段的接送服务人员（司机、跟车人员等）。

市内通勤服务同样需要做好方案，要根据时间、地点、参会人数做好具体的车辆安排表，避免车辆调度不开等问题。市内通勤服务的内容主要包括两方面：一是比赛期间参会人员往返赛场与驻地的用车,二是各类服务对象的临时用车。

3. 赛事的安全管理

电子竞技赛事的安全管理是指在赛事组织实施的过程中,为确保赛事相关人员人身、活动安全,以及赛事相关物资、设施安全所进行的一系列活动。安全既是电子竞技赛事顺利举办的根本,也是赛事取得成功的主要标志之一,是赛事最关键、最核心、最基础的工作,可以说,没有安全就没有一切。

赛事安全主要包括人员安全、活动安全、赛场安全、物资安全、食品安全等,最根本的是人员安全。

(1)人员安全。

人员安全的管理主要针对选手、教练、裁判、观众、工作人员和嘉宾等赛事参与人员的安全进行。人员安全管理的主要内容:开展安全宣传和教育活动,要求赛事参与人员严格遵守安全相关的规定和制度,提高赛事参与人员维护赛事秩序的自觉性;在宾馆、赛场及周边街道配备固定设备和流动安保人员,采取有效措施预防各类人为安全事故的发生;加强秩序引导,防止赛前报到、赛后离场时混乱;提醒参与人员防范偷窃等。

针对重要嘉宾,要按照时间、地点、活动布设安全线,划定好区域,提前管控,安排专人或团队反复检查,排除隐患,全方位保障人员安全。

(2)活动安全。

电子竞技赛事的时间、场地一般是不可更改的,而且参与人员密集,赛事安保部门必须根据赛事的整体安排布置安全保卫工作。活动安全管理的主要内容:对电子竞技赛事的开幕式、闭幕式及其他重大活动按规定经公安、交通等管理部门备案、审批同意后,安保部门按照相关程序实施安保工作;对赛场、宾馆及周边场所进行安全检查,及时处理各类安全隐患;分析天气变化和自然灾害对活动的影响。

（3）赛场安全。

赛场安全管理是重要的工作。一般情况下，入场安检、消防安全赛场安全管理的关键环节。观众管理是赛场安全管理的重点，除了加强对门票和携带物品的管理，还必须加强对观众区域的监控，一旦发现威胁安全的因素，要立即采取果断措施。

（4）物资安全。

电子竞技赛事的物资安全主要指现金、贵重物品、比赛器材、摄影/摄像设备、危险品及其他活动物料等的安全。赛场各类物资的数量、特征都要由专人或者指定的部门提前登记，要严格执行各类现金和物品的使用规定，通过相对集中的重点监控来防止物品损坏或丢失。个人财物的管理是难点，要加强对赛事参与人员的安全宣传，工作人员要管严、查实相关人员证件、证明，守好场地的各个出入口，以防盗窃等事件的发生。

保障物资安全的另一个项重要工作是保障器材、设备等物资的运输安全。物资运输需要有预见性，要提前与相关部门协调，做好计划。同时要做好应急预案，以便在突发事件发生或赛程临时改变时能从容应对变化。另外，在进行物资装卸、运输时，要依据发货清单，按照物资的轻重、尺寸大小和运输安全要求，合理装车、卸车；发货人员、接货人员和运输人员三方要在发货清单上签字确认；无不可抗力因素，运输途中禁止调换车辆，确保物资安全、完整地到达目的地。

（5）食品安全。

后勤管理部门必须从餐饮服务安全和流通安全两方面做好食品安全保障工作，确保赛事期间选手、裁判员及工作人员的饮食安全。

比赛期间的食品需求量通常较大，主办方并不总是能完全满足对食品数量、品种与品质的需求，所以对食品来源要落实有品质保障的供货方，并实行专地、专渠道、专品种、专人的管理，同时签订合同，明确责任，严防食物中毒，确保安全。

4. 赛事的医疗卫生管理

医疗卫生是电子竞技赛事主办方需要提供的最基本的保障之一，主办方通常会成立专门的医疗卫生部门。医疗卫生管理主要包括以下三个方面的内容。

（1）医疗服务管理。

医疗服务管理主要包括常见病治疗、人员损伤的医治和现场救护工作。医疗救护组要制订医疗方案与突发事件应急方案，成立领导小组、专家小组、现场医疗小组、应急医疗组等应急机构，明确具体工作职责与责任人；对急救人员、设施、设备和药品配备情况进行检查，做好药品尤其是重点药品的储备，确保一旦发生意外事故，能够实施有效救治或转诊。

（2）卫生监督管理。

卫生监督主要指环境卫生监督和食品卫生监督，医疗卫生部门通常会专门制定赛事卫生监督方案，要求比赛场馆，接待赛事参与人员的宾馆、饭店等符合环境、食品卫生的规定。

（3）疾病预防控制。

疾病预防控制主要是指对各类传染病、流行病等多发病、突发病的预防和控制。医疗卫生部门应该针对比赛地往年同期的流行病、多发病进行分析，制定疾病预防控制方案和应急预案。如果出现传染病、突发疾病，就要启动应急预案，按突发事件程序积极应对，避免扩大疾病波及范围。

5. 赛事现场突发事件管理

电子竞技赛事的突发事件可能发生在比赛的每一个阶段或环节，主办方应针对突发事件做好准备，制订有效的风险预案，以对突发事件进行及时、有效的防范、监督与处理。

（1）对可能的突发事件进行事前防范。

① 开展安全教育，强化危机意识。

没有危机感、没有危机意识是最大的安全隐患。在比赛前，要对应急救援和管理人员进行培训，提高其应对突发事件的专业技能；对所有赛事现场参与人员进行安全教育，宣传突发事件应急处置法律法规和预防、避险、自救、互救、减灾等常识，提高现场人员的自救、互救能力以及配合安保人员应对突发事件的能力。

② 开展安全检查，强化责任意识。

在比赛之前，安全检查是重要的工作环节。工作人员要细致观察、加深思考，强化履职能力和责任管理。检查的内容包括比赛场地的设施是否符合要求、通道及出口是否畅通、电器设备是否符合标准、电子竞技器材是否配置齐全有效、场内危险物品是否符合相关管理规范、场地内外的障碍物是否及时清理，以及临时搭建的舞台等设施是否牢固等。

③ 制定应急预案，强化防范意识。

应急预案就是用确定的充分准备来应对不确定的突发状况，做到未雨绸缪，是有效预防突发事件的主要措施之一。突发事件的处置应遵循预防为主、预防与应急相结合的原则，所以应急预案中应该包含必要的应急预防内容，同时确保应急预案目的明确、符合实际、具备可操作性。

（2）做好突发事件的应对保障工作。

在做好突发事件相关预案的应对工作的同时，还要依据预案，做好应对突发事件的人力、物力、财力、交通运输、医疗卫生及通信保障等工作，保证应急救援工作的需要，以便顺利恢复比赛的运行。

（3）对可能的突发事件进行监督。

电子竞技赛事中的现场工作人员与安保人员要时刻关注场馆各处的变化，及时发现对赛事安全不利的因素，并及时处理，避免情况恶化。监督工作主要包括以下内容。

① 做好人群分布实时监控。

➤ 建立人群分布实时监控系统。组织管理人员必须及时掌握赛事现场人群分布的第一手资料，实时监控出入口等人流集中的区域，采集活动区域人群信息，保证出入口的畅通，方便撤离及时，防止人群拥挤，避免踩踏事件的发生。

➤ 建立突发事件预警系统，以便工作人员及时发现人群聚集数量超出负荷而产生拥挤的表征信息，进而采取相应的措施。

➤ 建立突发事件及时预警系统，现场一旦有对赛事安全不利的因素出现，工作人员可立即获知，并及时派人前往可能出现状况的区域，消除可能诱发突发事件的不安全因素。

② 监控传播设备，保障信息畅通。

信息畅通是开展各项工作的重要条件。在电子竞技赛事中，组织管理者只有在第一时间掌握相关信息，才能及时地做出决策，迅速地利用各种力量来应对突发事件。比赛现场一旦发生危险或可能发生危险，人们就会选择逃离，使得赛场的秩序陷入混乱。因此，工作人员应该充分利用现场的各种条件设施，向现场参与人员及时传达信息，稳定现场的秩序，有效地疏散人群，减少突发事件带来的损失。

（4）对突发事件现场处置。

在电子竞技赛事中，赛事组织者面对正在发生或已经发生的突发事件，应随机应变，积极采取有效的措施进行控制，具体流程如下。

① 发现与报告。

当突发事件发生时，现场工作人员不仅需要进行先期处置，还应及时向相关部门报告。相关人员接到报告后，要第一时间赶到现场处置，判定事件程度，决定是否启动应急预案，并立即向领导小组报告。

② 先期处置。

突发事件发生，易造成现场秩序的混乱，相关人员应该迅速控制现场，将发生突发事件的区域隔离出来，避免无关人员接近，给现场处置留下足够的空间。若事态无法控制，有关部门应立即组织疏散现场人员，同时开展现场救援和现场保护。现场人员产生伤病情况时，应立即联系急救部门。

③ 应急响应。

对于在先期处置阶段事态未能得到有效控制的突发事件，相应工作组要及时启动应急预案，在领导小组统一指挥或上级主管部门指导下，组织开展现场处置工作。需要多个相关工作组或部门配合时，主管领导应当牵头，协调其他工作组或部门共同参与处置。

④ 应对媒体与公众舆论。

突发事件很容易被媒体曝光，为避免不实报道对赛事造成不良影响，管理人员应该立即采取措施来应对媒体和公众。对于负面影响较小的突发事件，可以在现场对媒体和公众进行安抚；对于负面影响较大的突发事件，应该立即召开新闻发布会，借助新闻媒体有针对性地进行报道，让公众了解事件的原因和结果，避免非官方渠道消息的传播形成负面舆论。

⑤ 应急结束。

当突发事件应急处置工作结束或相关危险因素消除后，由工作组报请领导小组批准后宣布应急预案终止，并做好现场收尾工作，撰写情况报告。

即时思考：当突发事件发生时，赛事主办方该如何将损失降至最低？

3.1.2 案例分析

×× 电子竞技赛事风险控制应急预案

一、人员预案

1. 相关人员出现伤病

（1）依据赛事规则或人员替换规则，对出现伤病的选手、裁判、工作人员或志愿者进行及时替换，确保赛事正常进行。

（2）通知医疗人员对出现伤病的选手、裁判、工作人员或志愿者进行急救。

（3）医疗人员现场处理后决定是否送往医院。

（4）风险控制人员就相关情况向赛事组委会汇报。

2. 工作人员或志愿者未能按时到场

（1）相关部门主管立即联系工作处，同时将情况上报。

（2）紧急调度候补工作人员或志愿者代班或代岗。

（3）相关部门将处理情况上报赛事组委会。

3. 选手、裁判集体迟到

（1）风险控制人员立即将相关情况上报赛事组委会。

（2）相关人员通过广播说明比赛推迟原因，播放事先准备好的音乐、活动 VCR 等，安抚观众情绪。

（3）风险控制人员尽快查明迟到原因，如属于选手、裁判自身原因，则依据赛事组织有关规则及工作程序处理。

（4）如果确认是交通阻塞、车辆未按时到达导致迟到，则主管部门重新商定比赛时间。

（5）主管部门立即通知相关部门公布比赛推迟原因，各部门主管通知各个岗位做好应对措施。

（6）主管部门将有关情况上报赛事组委会。

4. 选手与工作人员发生冲突

（1）风险控制人员应迅速控制局面，了解情况，查明原因，如事态严重，必须紧急调度安保人员介入，以控制事态发展。

（2）如有人受伤，工作人员立即通知医疗人员到场救治。

（3）医疗人员现场处理后决定是否送往医院。

（4）风险控制人员及时与选手和工作人员分别沟通，告知处理步骤，安抚选手情绪。

（5）风险控制人员将相关情况上报赛事组委会。

二、场馆器材损坏或出现故障预案

1. 器材损坏或出现故障

（1）风险控制人员立即报告给后勤部门，并准备使用备用器材。

（2）调度后勤部门进行备用器材的安装、测试，并安排现场表演，安抚观众。

（3）裁判决定比赛是否继续进行，并及时通报主管。

（4）风险控制人员立即将相关情况报告给赛事组委会。

2. 网络出现故障

（1）风险控制人员立即报告技术部门，准备诊断与维修。

（2）技术部门进行网络的诊断与维修，并安排现场表演，安抚观众。

（3）裁判决定比赛是否继续进行，并及时通报主管。

（4）风险控制人员立即将相关情况报告赛事组委会。

三、灾害预案

1. 出现暴雨、大雪、台风等恶劣天气

（1）赛事组委会决定比赛是否推迟或延期，若推迟或延期，及时通知各部门做好应对措施。

（2）若推迟或延期，相关部门及时通知各参赛队伍、工作人员、裁判、志愿者及观众等。

2. 发生地震、火灾等灾害

（1）风险控制人员立即拨打119紧急求救。

（2）立即组织现场人员进行有序撤离。

（3）风险控制人员配合救援人员进行紧急救助。

（4）风险控制人员立即将相关情况上报给赛事组委会。

3. 发生断电

（1）风险控制人员迅速了解故障原因，上报有关情况。

（2）依据具体断电原因调度后勤部门紧急维修或启动备用电源。

（3）风险控制人员和安保人员立即控制现场局面，并安抚现场人员。

（4）故障排除后，应确认比赛器材是否正常运转，是否达到比赛要求，并决定比赛开始时间。

（5）风险控制人员立即将相关情况报告给赛事组委会。

本案例中急预案被分成3类，分别是人员预案、场馆器材损坏或出现故障预案、灾害预案。从电子竞技赛事风险管理角度来说，这3类风险分别对应的是概率大影响小（人员）、概率大影响中等（场馆器材损坏或出现故障）、概率小影响大（灾害）这三种。要实现这种分类方式，赛事运营人员需要事先对赛事风险事件进行风险分析，给予各种风险事件明确的识别，才能正确地制订赛事管理风险预案。

在赛事执行阶段的工作中，绝大多数工作的重心都是准备，而不是真的执行。这种准备大体可以分为两个方向：一个是在赛事按部就班正常进行的情况下，为了确保赛事的正常运行所做的准备；另一个是为了预防赛事出现计划外的事情所做的准备。鉴于赛事风险存在普遍性、必然性，对风险提前进行识别、判断与分类，并制订风险控制应急预案是极其必要且重要的。

3.2 任务一 制作电子竞技赛事执行手册

现有一项经过游戏厂商官方授权、针对高校学生的电子竞技赛事正在筹办。××高校计划举办本次赛事，争取做到真正的"电子竞技进校园"，助力校园电子竞技的全面发展。

活动主题："高校杯"大学生电子竞技比赛。

主办/承办/协办方信息：主办方为××职业技术学院委员会，承办方为××学院社团联合会，协办方为××电子竞技爱好者协会。

活动时间：10月8日—11月20日，每天9:00—18:00。

活动地点：学校图书馆及大礼堂。

比赛召集：通过百度贴吧、QQ群、微信群、新浪微博、校园网及线下宣传资源进行。

报名渠道：分为线上报名和线下报名两种，最终以当天到达现场报到的玩家为准。

报名要求：年满18周岁的玩家均可参加。

报名人数：无限制。

其他赛事信息如下。

1．硬件设施

承办方负责比赛用计算机，共 12 台，其中 10 台为比赛用机（5 台为一组），2 台为裁判用机。

2．工作人员

技术保障组：视频系统工程师、视频系统工程师助理。

赛事转播组：流程导演、导播、音控、字幕、OB、摄像、灯控、屏控。

现场执行组：现场导演、艺人管理、选手管理、活动执行、安保管理、媒体管理。

视频系统工程师负责管理视频相关技术工作，对视频播放进行设计、配置、调试和操作；视频系统工程师助理负责协助工程师完成工作。

流程导演负责把控整体赛事流程；导播负责直播画面的切换与 VCR 的播放；字幕需要在前期制作字幕系统，并在直播时使用字幕机实时输出内容；OB 负责在直播中切换比赛画面，根据不同的游戏制定不同的切换策略；摄像负责在比赛现场拍摄画面；灯控负责赛事现场灯光效果的控制；屏控负责赛事现场大屏幕效果的控制；音控负责现场音响效果的控制。

现场导演负责把控现场的整体效果；艺人管理负责接待管控当天出席的艺人；选手管理负责接待当天参与比赛的战队选手；活动执行负责赛事的前期跟进、中期执行和后期总结工作；安保管理负责管理现场的安保团队，保障现场安全；媒体管理需要把控好赛事相关的网络舆论，做好媒体宣发。

3．赛事制度

预赛制度：BO1 淘汰赛。

决赛制度：BO3 淘汰赛。

4. 比赛奖品：冠军和亚军队伍分别获得比赛奖金 10000 元与 8000 元，冠军另获得"高校杯"奖杯；其余参赛队伍均能获得参与奖。

➤ 任务要求

1. 使用 Word 制作电子竞技赛事执行手册；

2. 对赛事现场工作内容及工作量进行合理估计；

3. 对赛事现场工作内容进行合理分配。

4. 对电子竞技赛事执行手册进行排版。

3.2.1　子任务一　制作项目组成员表

➤ 任务背景

某高校将举办大学生电子竞技大赛，现需要围绕赛事的方方面面及各个环节，使用 Word 制作电子竞技赛事执行手册。

➤ 任务操作

电子竞技赛事执行手册包含了赛事执行的各个方面和每一个环节，大到活动执行方案、工作人员分工，小到每个工作人员的联系方式，这些信息可供赛事执行负责人把握整个执行流程，避免因缺乏流程和规划导致执行产生疏漏或偏差，从而实现清晰的活动安排、周到的方案设计、明确的人员分工、理想的现场执行和持续的赛后跟进，最终完成一次完美的赛事执行过程。执行手册的信息中，工作人员的分组是非常重要的信息，下面给出工作人员分工的操作。

① 打开 Word 并新建空白文档，通过表格的形式记录工作人员的分组信息。根据要求确定需要记录每个工作人员的哪些信息，以便确定列数，此处需要 6 列，插入一

张包含 6 列的表格，标题设置为"项目组成员表"，具体信息如表 3-1 所示。

表 3-1　项目组成员表

姓名	项目角色	所在部门	职责	责任	电话

② 根据每个工作人员的特点及意愿等信息综合考虑其在赛事中的工作内容，并将信息录入，然后保存文档，可命名为"项目组成员表"。

注意：在实际工作中，需要根据具体情况分配工作内容，部分人可同时在不同项目组。

3.2.2　子任务二　填写手册内的项目组成员信息

➤ 任务背景

项目组成员表制作完成后，需要对信息进行录入。

➤ 任务操作

根据子任务一制作保存的表格填入项目组成员信息，可按照竞赛项目的不同组织学生进行小组分工，为后续的比赛做准备。

请根据实际情况完成项目组成员表的信息录入，可参考表 3-2。

表 3-2　项目组成员表信息

姓名	项目角色	所在部门	职责	责任	电话
A	视频系统工程师	技术保障组	管理视频相关技术工作，对视频进行设计、配置、调试和操作	保障视频系统的正常运行	11111111
B	视频系统工程师助理	技术保障组	协助工程师完成工作	保障视频系统的正常运行	11111111

姓名	项目角色	所在部门	职责	责任	电话
C	流程导演	赛事转播组	把控整体赛事流程对接	完善赛事整体流程	11111111
D	导播	赛事转播组	直播画面的切换与BCR的播放	直播画面的正常切换与播放	11111111
E	音控	赛事转播组	管理现场音响控制效果	现场音响的正常使用	11111111
F	字幕	赛事转播组	在前期制作字幕系统，并在直播时使用字幕机实时输出内容	前期字幕系统的正常制作，直播时正确的输出内容	11111111
G	OB	赛事转播组	在直播组切换比赛画面，根据不同的游戏制定不同的策略	能根据不同的游戏对应切换画面的方式	11111111
H	摄像	赛事转播组	在比赛现场拍摄画面	按照要求在现场拍摄	11111111
I	灯控	赛事转播组	管理赛事现场灯光控制效果	正确地控制现场灯光效果	11111111
J	屏控	赛事转播组	管理赛事现场大屏控制效果	保证现场大屏的运作	11111111
K	现场导演	现场执行组	把控整体效果	确保当天赛事的正常进行	11111111
L	艺人管理	现场执行组	负责接待管控当天出席的艺人	保证艺人当天工作的正常运行	11111111
M	选手管理	现场执行组	接待当天加比赛的选手	保证当天战队选手正常进行比赛	11111111
N	活动执行	现场执行组	完成活动项目的前期跟进、中期执行和后期总结工作	跟进项目，确保赛事的顺利进行	11111111
O	安保管理	现场执行组	管理好当天现场的安保团队，保障现场安全	保证当天现场的安全	11111111
P	媒体管理	现场执行组	把控好赛事的网络舆论，做好媒体宣发	避免出现赛事的不良消息带来负面影响	11111111

3.2.3 巩固思考练习

1. 赛事接待过程中，如遇突发情况无法及时接到赛事人员，应该如何处理？

2. 在一场三天的赛事中，赛事后勤部要如何准备餐饮服务？

3.3　任务二　完成电子竞技赛事的 Rundown 表制作

高校大学生电子竞技大赛即将举办线下决赛。由于线下赛事执行时的每个环节之间衔接紧密，需要每个岗位密切配合，对人员之间的沟通与协作要求较高，所以制作需要一份详细的计划。制作赛事 Rundown 表，就是为了防止现场出现人员职责混乱、工作人员到岗不及时等情况的出现。

高校大学生电子竞技大赛线下决赛赛程的总体安排如下。

① 赛事 15:00 开始，在 20:00 前结束。

② 赛事分为三个大阶段：推流阶段、开场阶段、比赛与结尾阶段。

推流阶段：选手进行签到，直播人员进行项目准备。

开场阶段：项目有开播倒计时、logo 演绎、解说开场、赛事包装板、队伍介绍等。比赛共有 3 局，每局都会有队伍 BP、选手对位介绍、队伍对阵板、比赛内容、实时回放、结束比赛、解说画面等内容；每局结束后都有一个幕后阶段，幕后阶段的项目包括本局 highlight、赛后数据板、本局 MVP、解说。

结尾阶段：项目主要是解说结尾，感谢赞助商并进行结尾总结等内容。

➤ 任务要求

1. 使用 Excel 制作电子竞技赛事 Rundown 表；

2. 根据赛事需求合理设计赛事活动及环节；

3. 对赛事活动与环节的时长进行合理的估计与分配。

3.3.1　子任务一：制作海选赛 Rundown 表

➤ 任务背景

高校大学生电子竞技大赛线下决赛举办之前，要通过线上的方式进行海选赛，假如你是一名赛事工作人员，现请你根据过往案例，完成海选赛 Rundown 表的制作。

➢ 任务操作

① 图 3-1 所示为完美世界电子竞技举办的 CS2 职业联赛（简称 PAL）线上海选赛的 Rundown 表，阅读并熟悉其中的内容。

NO	TIME LINE	UTC+08:00	SEQUENCE	EVENT	DELAY/PRODUCER	GRAPHICS	BGM	太原直播	NOTE
A1	0:30:00	9:00:00	赛前预热	赛事倒计时	全屏倒计时、BGM 播放器标识	倒计时全界板 BGM 歌单字幕	CSGO 歌单		赛前60分钟借流
A2	0:23:00	9:00:00		热片轮播	赛事节目、品牌视频轮播	倒计时条	VCR		时长根据节目单编排
A3	0:01:00	9:53:00		主宣传片	主宣传片	-	VCR		直播正式开始
B1	0:05:00	9:54:00	赛前环节	评论席	评论员开场、自我介绍	人名条	评论席BGM		赞助商+活动广告
					权益口播	权益条			
					赛制综述	整体赛程安排表			
B2				评论席	当日赛程介绍	当日赛程表	评论席BGM		
B3					地图BP	督程图 地图BP全界板			
C1	0:00:10	9:59:00	赛事片头	赛事片头	主宣传片10s Cutdown版	-	VCR		
D1	0:01:00	9:59:10	第一大场 BO1	解说席	解说席、当选分组	人名条	解说席BGM		
					权益口播	权益条			
					赛事分析				
D2	0:50:00	10:00:10	第一大场 BO1	正赛部分	地图全景航拍展示/地图空镜	对阵画面板	地图BGM		
					正式比赛	游戏UI 战术回放条 双分屏开窗UI 小分IMPACT PLAYER	-		若出现暂停触发
					战术暂停（若有） 地图空镜	战术暂停条 经济面板UID			
D3	0:00:30	10:50:10	解说席	解说分析	人名条 比分条	解说席BGM			
D4	0:05:00	10:50:40	局中环节	评论席	评论员分析	人名条 权益条	评论席BGM		
					比赛回放，评论员点评	回放条	-		若有
					数据展示	MVP等（待定）	评论席BGM		时间控制在1分钟
					赛后采访（若有）	音频连线	-		
					下场赛程预告	NEXT MATCHUP条	评论席BGM		
					赛间休息	精彩回放/墨片/倒计时	VCR/歌单		1.海播BO1定点开播（看点3）2.总超时，减少评论席时长3.评论席流程结束后进入人事间休息，进赛回放/墨片/倒计时
					地图BP	地图BP全界板	地图BGM		
D5	0:50:00	11:00:00	第二大场 BO1	正赛部分	正式比赛	游戏UI 战术回放条 双分屏开窗UI 小分IMPACT PLAYER	-		
					战术暂停（若有） 地图空镜	战术暂停条 经济面板UID			若出现暂停触发
D6	0:00:30	11:50:00	解说席	解说分析	人名条 比分条	解说席BGM			
D7	0:05:00	11:50:30	局中环节	评论席	评论员分析	人名条 权益条	评论席BGM		
					比赛回放，评论员点评	回放条	-		若有
					数据展示	MVP等（待定）	评论席BGM		时间控制在1分钟
					赛后采访（若有）	音频连线	-		
					下场赛程预告	NEXT MATCHUP条	评论席BGM		
					赛间信息	精彩回放/墨片/倒计时	VCR/歌单		
					地图BP	地图BP全界板	地图BGM		
D8	0:50:00	12:00:00	第三大场 BO1	正赛部分	地图全景航拍展示/地图空镜	对阵画面板	地图BGM		
					正式比赛	游戏UI 战术回放条 双分屏开窗UI 小分IMPACT PLAYER	-		
					战术暂停（若有） 地图空镜	战术暂停条 经济面板UID			若出现暂停触发
D9	0:00:30	12:50:00	解说席	解说分析	人名条 比分条	解说席BGM			
D10	0:05:00	12:50:30	局中环节	评论席	评论员分析	人名条 权益条	评论席BGM		
					比赛回放，评论员点评	回放条	-		若有
					数据展示	MVP等（待定）	评论席BGM		时间控制在1分钟
					赛后采访（若有）	音频连线	-		
					下场赛程预告	NEXT MATCHUP条	评论席BGM		
					赛间信息	精彩回放/墨片/倒计时	VCR/歌单		
					地图BP	地图BP全界板			
			超据实际赛程变排，将大场BO2-D4循环度至所有比赛结束 比赛结果呈现图层							
E1	0:05:00	-	赛后环节	赛后评论席	评论员开场、自我介绍	人名条	评论席BGM		
					权益口播	权益条			
					当日赛事	督程表			
					情况全天赛事				
F1	0:05:00	-	赛事结束	ENDING	明日赛程图	明日赛程图	ENDING		超5分钟
F2	-	-			重播版	重播视标	BGM		

图 3-1

② 新建一张 Excel 表格，根据图 3-1 所示的内容，完成高校大学生电子竞技大赛 Rundown 表的制作。

3.3.2　子任务二：制作总决赛 Rundown 表

➤ 任务背景

鉴于你之前的海选赛 Rundown 表完成得不错，现请你完成总决赛 Rundown 表的制作。总决赛为线下比赛，因此在赛事环节编排中要加入现场互动及相应的活动。

➤ 任务操作

① 根据子任务一的成果完成总决赛 Rundown。

② 将完成的总决赛 Rundown 进行汇报，并阐述其合理性。

3.3.3　巩固思考练习

1. 当比赛现场大屏出现故障时，应首先向谁报告，具体如何处理？

2. 赛事现场观众发生肢体冲突时，工作人员应该如何处理？

3.4　任务三　完成电子竞技赛事后勤管理的物料清单制作

根据任务要求，使用 Excel 制作一份赛事物料清单，其中包含区域、物料、数量、备注等板块。区域部分通常包含通用区域、4 间战队休息室、化妆间、VIP 接待室、现场、外场。

1. 活动背景

为了更好地利用电子竞技活动在高校大学生群体中的影响力，某高校电子竞技社团将在校内举办大学生电子竞技大赛，用社团的特色方式来进行宣传，扩大社团的影响力。

2. 后勤保障工作需求

（1）宣传材料的派发、张贴与维护（包括宣传单、海报、条幅）。

（2）活动所需物品的准备和管理。

（3）场地的布置及活动现场的秩序维护。

（4）具备一定数量的候补工作人员。

3. 赛事活动具体内容

（1）宣传材料的派发、张贴与维护（包括宣传单、海报、条幅）。

➢ 传单的发送。

➢ 海报的张贴和维护。

➢ 条幅的展示和维护。

（2）活动所需物品的准备和管理。

➢ 物品采购工作。

➢ 管理采购好的物品。

（3）场地的布置及活动现场的秩序维护。

➢ 比赛场地的布置。

➢ 活动现场秩序的维护。

4. 活动后勤保障需求

赛事现场重点注意通用区、战队休息室、化妆间、VIP 接待室、现场与外场等区域。

通用区需要配备至少 20 个排插。

战队休息室需要配备长条沙发、桌子、垃圾桶、白板、马克笔、纸巾、纸杯、零食饮料、返监电视、签到簿、热水壶等物品。

化妆间需要配备挂烫机、化妆镜、落地晾衣架、垃圾桶、纸巾、纸杯、饮料零售、排插、热水壶等物品。

VIP 接待室需要配备沙发、纸巾、茶几、纸杯、零食、饮料、水果、花卉、垃圾桶、热水壶等物品。

现场需要配备 VIP 沙发、桌椅等物品。

外场区域需要配备易拉宝、道路指示牌、道旗、功能间指示牌、一米栏、铁马、医疗箱等物品。

> ➤ 任务要求

1．对赛事后勤保障物料进行合理分类；

2．了解赛事现场各区的物料需求；

3．对各区、各功能的物料需求有合理的分配。

3.4.1　子任务一：制作赛事现场物料清单

> ➤ 任务背景

赛事活动的保障、服务的保障以及赛事的安全与控制共同构成电子竞技赛事的保障系统。你是一名赛事工作人员，现请你完成"高校大学生电子竞技赛事物料清单"，物料预算不超过 10 万元，此物料清单不含选手奖品。

> ➤ 任务操作

根据表 3-3 所示，对赛事现场物料进行合理分类并使用 Excel 制作物料清单。

表 3-3　赛事现场物料清单

区域	物料	数量	单价	总价	样例

3.4.2　子任务二：制作赛事奖品清单

➤ 任务背景

请你完成"高校大学生电子竞技赛事奖品清单"，总体不超过 5 万元。

➤ 任务操作

根据表 3-4 所示，对赛事奖项进行合理规划并使用 Excel 制作奖品清单。

表 3-4　赛事奖品清单

名次	奖品（奖金）	数量	单价	总价	样例

3.4.3　巩固思考练习

1. 赛事现场突发状况被媒体曝光后，管理人员该如何应对？

2. 赛事结束，清点归还器材时，如发现器材丢失，管理人员该如何处理？

学习单元 4

电子竞技赛事宣传

单元概述

本单元的主要内容是电子竞技赛事宣传的相关知识，包括电子竞技新媒体内容策划、电子竞技赛事新媒体内容制作等内容。

知识目标

掌握电子竞技新媒体内容的 5 个核心和电子竞技用户的基础属性等；

掌握电子竞技新媒体文字类内容、短视频类内容、长视频类内容的制作方法。

技能目标

撰写电子竞技赛事新媒体文案。

4.1 基础知识

新媒体是指利用数字技术、网络技术，通过互联网、宽带局域网、无线通信网、卫星等渠道，以及计算机、手机、数字电视机等终端，向用户提供信息和娱乐服务的传播形态。新媒体是相对于报刊、广播、电视等传统媒体发展起来的新的媒体形态，包括网络媒体、手机媒体、数字媒体等。新媒体信息量大，具有实时性和交互性。

电子竞技赛事新媒体工作人员的工作内容主要分为以下 9 个方面。

① 制订宣传策略：根据赛事和目标受众的特点，制订具有针对性的新媒体宣传策略，确保宣传效果最大化。

② 内容创意和策划：创作各类电子竞技赛事相关的文案、图片、视频等内容，包括赛事介绍、赛程预告、战队专访、赛事花絮等，以吸引受众关注。

③ 社交媒体运营：负责电子竞技赛事的官方社交媒体账号运营，包括内容发布、互动回复、数据分析等，提高赛事的网络知名度和传播力。

④ 赛事直播互动：在赛事直播平台上进行实时宣传和互动，分享赛事资讯，进行竞猜互动、赠品赠送等，提高赛事的观赏性和趣味性。

⑤ 合作伙伴对接：与赛事赞助商、合作媒体、战队等进行沟通，协调资源推广工作，确保赛事新媒体宣传的多元化和全面性。

⑥ 数据监测与优化：对赛事新媒体的宣传效果进行实时监测，根据数据调整宣传策略和内容，持续优化宣传效果。

⑦ 活动策划：根据赛事特点和新媒体特性，策划线上线下的各类活动，如观赛活动、粉丝见面会、观众互动游戏等，提高赛事的粉丝黏度和影响力。

⑧ 媒体关系维护：与各大游戏媒体、电子竞技媒体等保持良好的合作关系，确保赛事相关报道及时发布和传播。

⑨ 其他工作：协助完成其他相关工作，如赛事策划、执行、后期制作等。

4.1.1　电子竞技新媒体内容策划

1. 电子竞技新媒体内容的 5 个核心——从形式角度策划

电子竞技发展初期，对新媒体的需求仅存于新闻推送和垂直领域内容分享，这种需求相对来说是单一的、垂直的，用户也大多是偏游戏向的。随着泛娱乐时代的到来，电子竞技的规模开始扩大，为满足不断涌入的用户的需求，电子竞技新媒体的传播内容也开始变得更为多样化。从时代发展的轨迹来看，电子竞技新媒体内容的发展主要分 5 个阶段——文字简讯、图文内容、长视频、直播、短视频，这也正是目前电子竞技新媒体内容的 5 个核心。

（1）文字简讯。

在新闻中，简讯是动态消息的一种形式，又称短讯、简明新闻，是动态消息中文字更少、内容更为单一集中的一种体裁，一般只有百字左右，甚至只有十几个字，通常只报道事情的结果，而不交代其过程和背景。简讯除了短，还有一个特点就是发布速度快。

文字简讯是所有新媒体内容中最易传播也最易编辑的。它贯穿了电子竞技媒体传播的发展历程，任何媒体领域都离不开这种简单快捷的传播模式。文字简讯的优势具有时效性，想要第一时间传播获取到的一手信息，最好的方式就是先编辑一段文字简讯发出去，并附上对应的补充说明，图片、视频等信息可以作为文字简讯之后的补充信息。

文字简讯的特点主要有 3 个。

话术精炼——文字简讯篇幅较短，所以表达通常较为精炼，篇幅冗长会增加文字简讯的理解难度。

表意精准完整——篇幅短并不代表要大省特省，基础的内容需要表达完整，比如报道休赛期选手转会信息，必须把哪个俱乐部的哪位选手在哪一天以什么条件转入哪个俱乐部都交代清楚，而不是只发一条消息"A选手转会了"。

适度引导讨论——新媒体内容通常要具备一定的传播和讨论价值，太过干枯的内容不会引起用户的传播欲望，比如，报道A俱乐部3比0赢了B俱乐部，标题"A战胜B""A以3∶0战胜B""A零封B完胜"就代表3种效果。

（2）图文内容。

图文，依照字面意思，就是指"图片＋文字"的媒体内容形式。常见的图文内容有3种——长图文、短图文、图集。

长图文是指篇幅较长的、可持续讲解某个故事或某种内容的、图文结合的内容表达，是最常见、最传统的内容表达形式。

短图文即短篇文字配图片，多用于媒体信息发布，可以理解为一种配上图片的文字简讯。

图集指图片合集，一般由简短文字和多组图片组成，图片是主体，文字只是注解。

图文内容在电子竞技发展初期是最有价值的传播形式。当时电子竞技媒体获取内容的渠道单一，并且内容的形式较为固定，无论是赛事新闻还是选手动态，都是由第三方媒体统一发布图文内容来传播的。

当前，图文内容已经不再具有"统治级"地位，但仍是电子竞技媒体内容中不可替代的组成部分。图文内容的适配性非常好，无论内容是轻松的还是严肃的，是正式的还是非正式的，都可以通过图文内容的形式来呈现。同时图文内容的制作比较方便，对所传播内容的还原度较高，整体性价比非常高，可以降低传播信息的成本。

即时思考：为什么无论是传统竞技还是电子竞技，图文内容都是被广泛采用的传播形式？

图文内容的主要特点如下。

① 主题鲜明。图文内容都会有一个明确的主题，如传递文字信息、传播图片信息、表达某种观点等，再复杂的图文内容也脱离不了主题。

② 逻辑性较强。图文内容的传播是建立在用户有阅读习惯的基础上的，所以任何图文内容都应该有基本的逻辑，流水账式的内容只会让读者不知其所云。

③ 门槛低。图文内容在创作类内容中的制作和传播门槛是相对较低的，作者有充足的时间创作合适的文字，并寻找图片，而且不需要复杂的处理流程。低门槛带来的好处就在于图文类内容的包容度很强，很多有想法的作者都可以进行创作。当然，图文内容的弊端也很明显，那就是质量参差不齐。

（3）长视频。

长视频指的是传统视频，是为与短视频进行区分出现的概念。长视频通常是由专业创作者拍摄、剪辑，经过不同程度加工制作而成的专业视频。这类视频创作周期较长、内容丰富、制作较为精良，内容通常具有一定的深度和观赏性。

绝大多数游戏画面是动态的，传统的文字信息和图文内容都无法将带有游戏内容特点的电子竞技内容完整呈现给用户，长视频恰恰可以达到这个要求。与现在不同的是，以前以传统视频为主导的时代，很多用户有阅读长篇内容的习惯，内容的传播通常不会受篇幅问题的影响。

长视频催生了第一批非选手型电子竞技类 IP 的诞生。他们所创作的电子竞技教学、分析类视频广为流传，明确的个人风格和特色标签让这些创作者与他们分享的电子竞技内容一样很快被用户所熟知。

长视频主要的特点如下。

① 结构清晰。长视频的受众通常有接受长篇内容的习惯，所以长视频通常具备清晰的结构和明确的逻辑，让受众有观看和分享的意愿。

② 水平上限高。长视频是媒体内容中制作最复杂的，脚本、画面、音乐等都展示了创作者的能力，这给很多有水平的创作者提供了很大的创作空间。随着技术的不断革新，创作者的创作空间将会继续增加。

（4）直播。

传统意义上的直播指电视直播，是广播电视节目的后期合成、播出同时进行的播出方式，也是最能体现广播电视媒介传播优势的播出方式。按播出场合，直播可分为现场直播、播音室或演播室直播等形式。

现阶段提到的直播多为网络直播，是一种基于互联网的内容展现与社交方式。网络直播分为两类：一类是在互联网上提供电视信号的转播供人观看；另一类是多数人所了解的"网络直播"，在现场架设独立的信号采集设备将信号导入导播端，再通过互联网传至服务器并通过服务器分发至终端，供人观看。

对于电子竞技而言，直播是划时代的产物。直播在电子竞技发展的初期就已经存在了，但受限于当时的条件，电子竞技在电视端的直播并没有得到大范围普及。随着互联网直播平台的崛起，电子竞技直播迎来了真正意义上的普及。赛事的收看门槛大大降低且传播效率飞速提高，直播拉近了电子竞技与普通用户的距离，职业选手和平民高手的频繁出镜也加速塑造了大量有影响力的电子竞技 IP。

直播的主要特点如下。

① 凸显 IP。直播最考验的不是软硬件设备，不是活动玩法设计，也不是推广宣发力度，而是主播个人的 IP 特点。无论是游戏主播、带货主播还是表演主播，当 IP 足够有特色时，直播总能吸引大量观众来观看。

② 机遇与挑战并存。当前直播的基础门槛比较低，一部智能手机就能达成最基本的开播要求。但需要注意的是，直播即时传播的信息是完全无法更改的，每一句话、每一个观点、每一个动作都可能成为别人深入解读的素材。主播在直播时可能并不会太在意某些即兴的表达，但这些表达经过加工和解读之后，经过二次传播却会造成完

全无法预料的后果。

③ 不可复制性。直播之所以能造就无数名场面，是因为就算相同的事件以同样的背景再次出现，也难达到第一次的效果。这种不可复制性加速了直播内容的传播，也让用户在观看直播时能够有一种"在现场"的独特体验。

（5）短视频。

短视频又称短片视频，主要基于互联网传播，在各种新媒体平台上播放，是一种适合在碎片时间观看、可高频推送的视频内容。短视频的时间长度从几秒到几分钟不等。

短视频的内容涵盖技能分享、幽默搞怪、时尚潮流、社会热点、街头采访、公益教育、广告创意、商业定制等主题。由于时长较短，可以单独成片，也可以系列化。随着移动终端的普及和带宽的提升，流量大的短视频获得各大平台、粉丝和资本的青睐。

短视频是电子竞技内容传播加速的关键助燃剂。短视频的传播方式简单，传播面广，受众获取短视频信息的时间成本低且可控。与传统长视频内容不同，短视频消耗的是受众的碎片时间，通常来说，这对受众更友好，并且更符合现阶段的需求。

电子竞技内容大多十分契合短视频的属性，适合做成短视频传播，例如，游戏攻略可以做成多个分段式教学，赛事内容可以分多段剪辑，直播录像可以做多条回放视频等。

短视频的主要特点如下。

① 小而全。短视频的策划远没有看到的几十秒、几分钟那么简单。和传统视频一样，短视频一样要有脚本、分镜、音乐素材等创作的必需部分。而呈现出的内容也很少是无序的，都有一定的条理逻辑和基本架构。

② 紧跟热点。当前，短视频"赛道"竞争十分激烈，很多创作者会绞尽脑汁博取关注。人气高的创作者大多能够抓住热点，也就是说，传播效果好的短视频大多是

紧跟热点的。

③ 更新频率高。短视频虽然传播更为便捷，但其内容很多经不起仔细推敲，缺少可让人反复观看的价值，所以更新频率高就成了创作者保持热度的关键。

即时思考：电子竞技类的题材与短视频的特点有哪些契合点？

---

2. 电子竞技用户的基础属性——从用户角度策划

（1）电子竞技的用户规模。

中央广播电视总台国家电子竞技发展研究院和腾讯电竞联合发布的《2024 年全球电竞运动行业发展报告》显示，2024 年国内电子竞技用户规模达 4.9 亿。电子竞技已经获得了大量用户的关注。

（2）电子竞技的用户分布。

在了解电子竞技用户分布之前，先来了解一个概念——用户画像。用户画像是一种勾画目标用户、联系用户诉求与产品策划的有效工具，能够用来将用户的属性、行为与期待连接起来。用户画像有以下 3 个核心价值。

精准营销：这是用户画像价值最直接的体现。当所有用户被打上各种"标签"之后，广告赞助商就可以通过标签找到他们想要触达的用户，进行精准的广告投放。

锚定用户动机：用户画像能够通过描述用户的行为分析用户的深层动机与心理。

形成行业报告与用户研究成果：通过用户画像的分析可以了解行业动态，包括用户的消费偏好趋势、用户青睐的品牌、不同地域品类消费差异等。

根据用户画像，可以对电子竞技用户的性别、年龄、学历、收入、职业和地域等进行简单分析。

① 性别分布。根据艾瑞咨询《2022 年中国电子竞技行业研究报告》，2022 年我

国电子竞技用户仍以男性为主，其中男性占比 76.4%，女性占比 23.6%。近年随着电子竞技逐渐泛娱乐化，电子竞技用户中女性群体的数量正在大幅增长，电子竞技的商业化进程也在加快。

② 年龄分布。一直以来电子竞技都被认为是年轻人的专利，从年龄分布上看，电子竞技用户的年龄集中在 21 ～ 30 岁，这和大众的固有印象是完全吻合的。这一部分用户熟悉互联网，也能紧跟时代的潮流，与电子竞技本身的属性比较契合。

③ 学历分布。当前电子竞技用户的学历分布中，高中、职校的占比非常高，究其原因，一方面部分用户的学历还在不断上升，只是由于年龄问题正处于这个学历阶段；另一方面有一部分用户本身是游戏的重度用户，精力集中在与学习无关的部分，因而学历往往较低。

④ 收入分布。从数据上来看，电子竞技用户有一半的月收入在 5000 元及以下，结合年龄、学历分布数据不难发现，这些月收入 5000 元以下的用户中学生的占比非常高，这对研究收入分布的参考价值并不高。抛开这个因素来讲，电子竞技用户的收入分布是比较理想的，用户的付费潜力非常大，这意味着电子竞技行业的发展空间也非常大。

⑤ 职业分布。电子竞技用户分布广泛，其中学生占近 1/4。大量活跃在电子竞技领域的用户可自由支配的时间比较多，这也是赛事主办、内容策划和媒体运营需要注意的一个关键信息，各方力量需要共同开动脑筋，提高电子竞技在这批核心用户心中的地位。

⑥ 地域分布。一线城市有较大的生存压力，用户可支配时间十分紧张。二线城市和三四线城市的用户无论是网络环境还是可支配时间都比较理想，是主要分布区域。五线及以下城市中带有互联网属性的产品和内容大范围传播的概率偏低，这部分区域的下沉市场用户对互联网的节奏相对而言没那么适应，不是电子竞技的核心目标群体。

（3）电子竞技的用户分类。

① 领导型。领导型用户在电子竞技用户中并非少数。这类用户有非常强烈的表达欲望，热衷于输出自己的观点和想法，并力争得到更多认同，因此他们会经常对电子竞技相关信息进行积极主动的传播、扩散。

② 服从型。服从型用户是用户中的"温和派"。无论是观看赛事的选择、观赛渠道的选择还是信息媒体的选择，他们都有很强的从众心理，即"大多数人怎么选我就怎么选"，这个"大多数人"可以是身边的朋友，也可以是圈子里的网友。服从型用户也有自己明确的喜好，他们的"服从"建立在不有悖于自己原始立场与观点的基础上，存在过激的言论和观点的讨论，他们往往不会参与。

③ 自我型。自我型用户是所有类型用户中主观性最强的。他们一旦形成完整的观点就不会做出任何让步，会坚持自己的观点、想法、判断。自我型用户大多是战队选手的忠实粉丝，只和与自己价值观相同的用户进行交流沟通，拥有较高的忠诚度和不俗的购买力。

④ 消遣型。消遣型用户是黏度最低的用户群体，电子竞技对于他们而言只是一个自己关注的领域，偶尔可以作为谈资和话题，他们对电子竞技赛事和电子竞技内容的需求更多是消耗碎片时间。每个领域都存在大量消遣型用户，虽然他们变现的价值很低，但在传播信息方面，这类用户具有相当重要的作用。

（4）电子竞技用户的心理特征。

① 习惯性。用户都会根据自己的习惯接受事物，在选择接收电子竞技相关信息时同样如此，会因习惯性心理而偏向某一类赛事、某一家媒体或某一种游戏。由于电子竞技本身是基于电子游戏的运动，因此，电子游戏玩家对电子竞技运动有着天然的亲近感，同时，不同游戏的用户的习惯不尽相同。

② 敏感性。用户对现实与心理预期的差距非常敏感，偏离预期会对用户的心理状态造成很大影响，在电子竞技领域这种心理状态最常见的表达方式就是"赢了狂喜，

输了乱骂"。

③ 倾向性。用户在选择所要观看的电子竞技赛事和所要关注的电子竞技媒体时会呈现出各种趋势和意向，不同用户需求不同，有的注重娱乐性，有的偏重游戏技术，有的只看流行趋势。

④ 代入感。用户对电子竞技相关内容具有程度不一的代入感，尤其是在赛事领域。电子竞技赛事选手能够帮助用户实现自身难以达到的竞技高度，让用户以最低成本将自己代入竞技层面，从而实现精神上的满足。这种代入感可以催生很多内容的制作与传播，比如个人制作的赛事复盘、第一视角分析等，至少会激发用户讨论电子竞技的欲望。

即时思考：电子竞技用户有哪些心理特质？

4.1.2　电子竞技新媒体内容制作

1. 电子竞技新媒体文字类内容制作

（1）日常推送内容。

凡是存在于新媒体领域内的活跃账号，都需要日常推送进行内容填充，一方面为了保证账号在用户面前的活跃度，起到加深用户印象的作用；另一方面能够给用户提供一个日常讨论的空间，收集一些用户感兴趣且愿意公开分享的话题、想法，作为日后推送内容的参考。

目前比较常见的日常推送是早安帖 / 午安帖 / 晚安帖的模式，没有固定行文格式。

常规的推送制作方式很简单：IP 相关话题 +IP 相关内容 + 图片 / 表情包，这是日常推送的"万金油"格式。对于电子竞技新媒体账号而言，实在没有合适的 IP 内容，可以寻找一些游戏相关的内容进行发布，包括游戏的版本更新、热门"出装"、组合搭配等。

如果有可以利用的当日热门话题，就可以把 IP 相关内容换成热门话题相关内容。这样既完成了日常推送内容的发布，也能够为账号获取一些公共领域内的流量，方便为原始 IP 和活动内容引流。

需要注意的是，并不是所有游戏相关热门话题和当日热门话题都适合发布。对账号 IP 有负面影响、有明确不良价值观导向、与政治相关等类型的话题就不适合作为日常推送内容来发布。图 4-1 和图 4-2 所示的内容就是非常标准的电子竞技新媒体日常推送。

图 4-1

图 4-1 所示的是"玩加电竞 - 王者荣耀"官方微博的一条日常推送。运营将日常话题发送在了 KPL 超话里，这是该账号对应领域的话题。选择的配图是动图表情包，和发布的内容本身虽然没什么关系但也不"违和"。以早安帖形式发布的内容给用户留下了讨论空间，共收到了近 200 条评论。

图 4-2 所示的是 EDG 电子竞技俱乐部官方微博的一条日常推送。推送内容结合

当日热点话题——彩虹，也带上了他们自己的超话和赛季主题话题。配图是一张在俱乐部基地附近拍到的彩虹图片，符合话题也符合账号 IP。

图 4-2

（2）新闻资讯。

新闻资讯是电子竞技新媒体内容中极为常见的一种内容形式，只要有事件发生就会有对应新闻内容的产出。

新闻资讯是媒体官方号和自媒体的"主战场"，频繁的新闻信息发布有助于提高对应领域用户对媒体的认知度。由于新闻具有时效性，因此越早发布新闻信息就能越早出现在大众的视野中，也越容易受到关注。新闻发布是一种获取互联网流量的十分重要的方式，以至于很多非电子竞技类账号也会在电子竞技新闻出现时带话题发布内容。

与日常推送内容类似，新闻资讯也没有固定的行文格式。

通常来讲，新闻报道必需的五大要素包括何时、何地、何人、何事和何故，通常内容只需包含该新闻的必要要素即可发布，其余内容可以视情况再进行补充。

有一些新闻可以联合官方媒体或当事方共同进行内容发布，很多合作媒体和自媒体会提前获得新闻信息的相关内容。对于这种新闻，要尽可能把消息写全面，提前加好对应话题，并且在统一安排的最早发布时间点第一时间发布（通常为中午、晚上的某个整点时间发布，或者在官方媒体或当事方发布对应新闻之后发布）。

值得注意的是，当拥有绝对一手消息，经分析可发布时，可以自主编辑一个与新闻相关的话题，以求新闻传播和流量获取的效果最大化。

图 4-3 所示的是比较有特色的新闻内容参考范例。这是玩加电竞 LOL 官方微博的一条新闻消息。"×× 对战 ××"这种话题是主流赛事每场比赛的讨论话题，因此玩加电竞 LOL 官方微博选择以这个话题作为赛事新闻的预热点。实际上，对玩加电子竞技 LOL 而言，V5 冲击十连胜才是重点，因为数据相关的信息才是官方微博的主要发力点。如果 V5 本场获得胜利，那么势必会出现一个"V5 十连胜"的话题，届时这个提前做好的预热就会成为话题讨论的前沿阵地。

图 4-3

（3）战报简讯。

关注电子竞技的大多数用户都有自己主要关注的赛事。电子竞技发展初期，用户接触到赛事的机会很少，只能通过战报了解赛事相关信息。现阶段，虽然接触赛事的渠道变广，但用户并不能保证自己每场比赛都有时间看。看战报在这个时候就成为了电子竞技用户获取比赛内容最便捷且最有时效性的方式。

当然，让战报成为"刚需"也是部分赛事本身的需要，赛事方需要通过更多的战报让比赛相关信息在第一时间遍布互联网，吸引更多人观赛。

战报普遍都是有基础格式的，最简单的就是"赛事话题 / 赛事名称 + 比赛结果 / 实时比分"，如"#A 战队对阵 B 战队 #A 战队 4 ∶ 0 战胜 B 战队，夺得 ××× 比赛春季赛冠军"。

复杂一些的，会把赛事基础流程写在战报中（描述比赛中起转折作用的镜头），并配上对应赛事直播流中的画面截图。

更复杂的，会根据比赛进程标注时间点及转折性事件（如"× 分 × 秒，×× 入侵野区"），并在最后配上有特色的数据图，如合作渠道与数据媒体的详细数据图、自制的赛事信息图等。

从一定程度上来说，战报内容越丰富会越受用户青睐，但由于比赛结果本身的时效性非常重要，战报制作多一分钟就意味着比赛结果时效性多流失一分钟，其中的利弊需要媒体权衡。

即时思考：战报类的内容最核心的信息是什么？如何最快满足用户的需求？

（4）公关文稿。

公关即公共关系，是社会组织同构成其生存环境、影响其生存与发展的公众的一种社会关系。公关文稿的定义很清晰，就是用于调解这些社会关系的文稿。

电子竞技公关文稿是非常正式的文字内容，常用于塑造品牌形象、协调各方关系、公示官方信息等。

绝大多数公关文稿用于正式场合，虽然对文稿格式不要求统一、固定，但最基本的要求是一样的——话术严谨，行文规范。

撰写公关文稿类内容，首先，要对自己账号的主体 IP 有明确认知，要清楚一篇公关稿要从谁的视角出发，也要清楚该公关稿面向的是什么受众。

其次，要理清整个公关事件的基础逻辑：事件是什么，怎么发生的，有什么的影响。以赛事推延的公告为例，需要确认原定时间是什么，因为什么样的原因更改时间，更改后的时间是什么，如"原定于 7 月 5 日的 iG 对阵 Navi 的比赛，由于网络技术问题推迟，比赛拟于 7 月 7 日进行"。

最后，行文的结尾要足够正式，要表示对受众的尊重，如"感谢大家对本次事件的关注""感谢粉丝对我们长期以来的支持和肯定"等。

（5）活动和广告文案。

近年来，电子竞技的影响力不断扩大，各式各样的活动层出不穷，很多广告商开始寻求电子竞技渠道的合作机会。这些活动和广告大多需要通过新媒体渠道进行宣传和推广，其文案形式不固定，但风格大多需要富有活力、灵动活跃一些，并且内容需要有"网感"、留给用户互动空间，除特别严肃的活动以外都不需要太正式。

电子竞技媒体的活动与广告内容一般分为两类，一类是主发，另一类是转发。

主发一般用于活动发布和广告宣传，如官方（赛事官方、俱乐部等）要举办一场某类型的活动，就需要主发广告引导大众参与，常见的活动类型包括赛事关键节点活动（赛季开始前、总决赛开始前）、俱乐部主题日活动、选手生日活动等。

转发一般用于配合活动的媒体联合发布信息，以及被赞助的一方转发广告商的活动信息，宣布合作。

（6）专业教学和分析。

电子竞技与电子游戏的强相关性决定了这种内容会吸引大量专业用户。在电子竞技发展初期，专业用户中有分享意识的一部分用户会制作图文类教学分析内容分享给大众，现今这种模式一直存在，只不过内容形式转向视频。这类内容的经久不衰也得益于电子竞技用户属性与电子竞技属性的契合：都在不断追求变强，都在不断挑战自己的"不可能"。

专业教学和分析分为两类：一类是教学，如 MOBA 类项目有英雄"出装"教学，FPS 类有枪械道具使用和地图打法教学，卡牌类有卡组构筑教学等；另一类是分析，分析大多会和赛事相结合，最常见的分析就是比赛复盘。

教学类内容的最基础格式：首先概述本期教学内容及制作教学的背景，如××英雄最近在天梯表现十分强势、×× 枪械在赛场上频繁出现、× 卡组霸占出场率饼图已久；然后展开具体的教学内容，穿插讲解一些小技巧；最后以自己标志性的口号或广告语或者"感谢各位观看，如有意见和建议欢迎在评论区反馈"之类的话术作为结尾。

分析类内容最基础的格式：首先介绍将要进行分析的内容及其背景，如 A vs B 的比赛是本周关注度最高的比赛、×× 的操作存在部分争议等；然后逐步对分析内容的重点部分进行拆分式讲解，角度可以是主观分析也可以是客观评价，符合自己的固有风格即可；最后以与教学类内容一样的形式结尾。分析类内容必须带有对细节的详细解读，不然就和战报区别不大了。

即时思考：分析类的复盘文章面向的用户是哪些人？与战报类读者的区别在哪里？

（7）其他内容。

① 采访 / 专访。

采访 / 专访在电子竞技发展初期非常受大众喜爱，当时的电子竞技用户并没有办法像今天一样通过信息丰富的互联网了解选手，只能通过媒体的采访来获取选手的一些基础信息，以及选手在一些比赛时的想法和决策。

现阶段需要用文字呈现的采访一般是线上采访（线下多为视频形式呈现），多用于新选手的介绍，转会期、大赛关键节点的一些问答。

② 图片合集。

图片合集之所以要归在文字类内容中，主要还是考虑到图片和文字的传播本身都是静态的，传播渠道和传播方式都非常相似（很多文字内容也是被做成长图传播的）。

电子竞技领域图片类内容很多，比较有代表性的是赛后返图和宣传照拍摄。这类内容主要是通过图片来呈现出选手的形象、气质、神态等，一方面可以强化 IP 形象，另一方面可以渲染赛事氛围，如夺冠捧杯的兴奋姿态和失利后的落寞神情等。

③ 行业分析。

行业分析是一种泛领域的文字内容品类，几乎每个领域都会出现根据事件、现象、活动展开的行业发展分析。

电子竞技行业分析没有明确的格式要求，每个作者的切入视角必然是不同的，但殊途同归的是这类内容要求作者对电子竞技这个领域有非常深刻的理解。如果是一个长期着力于行业分析的媒体，那便需要作者对整个行业各个维度的发展都有所认知，所以往往这种媒体的供稿人也是不固定的，毕竟没有人真的能涉足一个行业的全部领域。

（8）文字类内容的主要投放渠道。

① 微博。

微博是知名社交媒体平台，用户可以通过文字、图片、视频等多媒体形式，实现信息的即时分享、传播。在此，信息可以实现裂变式传播，媒体可以实现与粉丝的互动。

微博为电子竞技的宣传推广提供了肥沃的土壤，庞大的用户量和巨大的信息传播空间让电子竞技新闻得以迅速传播。大多数电子竞技媒体会在微博上发布最新消息，寻求信息的快速传播。

② 微信公众号。

微信公众号是开发者或商家在微信公众平台上申请的应用账号，是一种主流的线上线下互动营销方式。通过公众号，媒体可在微信平台上以文字、图片、语音、视频等方式实现与特定群体全方位的交流与互动。

微信公众号的受众相对有更好的阅读习惯，所以一些长期发布长篇文字内容的电子竞技媒体会在公众号扎根。微信公众号平台可以让一些有深度、有沉淀且能够引导用户深入思考的内容迅速传播。

③ 垂直领域论坛 / 社区。

论坛 / 社区是网民在网上交流的场所。电子竞技发展初期，论坛 / 社区是电子竞技用户的核心聚集地，大量行业相关的新闻是通过论坛 / 社区传播的。

当前，论坛 / 社区依旧是电子竞技垂直领域用户的重要社交平台，老牌论坛百度贴吧、NGA、虎扑等依旧活跃在电子竞技消息传播和话题讨论的一线。一些主流电子竞技项目也专门研发了自己的 App，并内置了论坛 / 社区功能以达到聚集用户的目的，如《英雄联盟》的"掌上英雄联盟"、《王者荣耀》的"王者营地"、完美世界旗下的"完美世界电子竞技"、网易旗下的"网易大神"等。

2. 电子竞技新媒体短视频类内容制作

（1）赛事集锦。

提到电子竞技就离不开赛事，赛事呈现出的竞技水平一定是高于绝大多数游戏玩家的，而最能直观展现竞技水平的部分就是选手的操作。事实上，无论对于赛事主办方还是用户而言，这些精彩的操作镜头都需要留存和汇总。对于赛事主办方来说，这类内容可以激发用户对赛事的激情和热情；对于用户来说，这些高光镜头是他们观看赛事的核心诉求。

赛事集锦的基本结构很简单：片头可有可无，即便有也尽量不要太过冗长而拖慢整个视频的节奏；视频第一帧放一张简单的带有说明性文字的图片即可，如"KPL 王者荣耀职业联赛第三周五佳镜头""NFPL 永劫无间职业联赛天选时刻"等；每一段独立的视频内容之间，都需要垫一个转场，可以是一个动画，也可以是一张图片，用于表示画面内容的切换，如常见的"TOP5"类集锦，就是用数字动画作为转场的；结尾可有可无，可以放一个简单的"关注不迷路"之类的镜头收尾。

制作这类视频不需要复杂的脚本撰写，也不需要过度纠结背景音乐的选择，具有卡点效果已经算是非常下功夫的制作了。

（2）直播剪辑。

直播已经成为现今很多人休闲娱乐的选择，无论是专业直播还是娱乐直播，都拥有相当数量的稳定用户。但直播时间和内容无法满足所有的用户，这时直播剪辑就派上了用场。

直播剪辑有短视频类的直播片段剪辑和长视频类的回放剪辑，这里讲解直播片段剪辑。

直播片段剪辑分为很多种，其中传播价值较高的有 3 种：主播高光时刻、主播"下饭"时刻和主播特色时刻。

主播高光时刻的逻辑类似于赛事集锦，主要是为了呈现主播在游戏层面的精彩发挥。

主播"下饭"时刻是一个比较独特的品类，最开始大多数直播用户是看重技术的，看直播就是为了学习技术提高游戏水平，后来随着用户对直播的娱乐属性看得越来越重,"打得好玩"有时比"打得好"更能满足观众的口味,所以"下饭"时刻类剪辑越来越多。这类视频的基础逻辑和主播高光时刻类剪辑差别不大,主要是需要调整 BGM:只考虑用一条背景音乐的话,就选择能营造娱乐、欢快氛围的背景音乐;若考虑多段背景音乐穿插,就要根据画面准备一些激昂有力的背景音乐来配合剧情的转折。

主播特色时刻是针对某些特点明显的主播而言。主播的特点会影响主播直播的整体效果,同时具有一定的传播引流价值。比如有的主播特别喜欢和观众互动;有的主播非常幽默,和对手、队友的交流都能"嘲讽"得恰到好处;有的主播个人见解独特,经常在出装、跑图、出牌等游戏环节做出和大多数人完全不同的选择。主播特色时刻不需要添加背景音乐,用主播的直播原声即可。

(3)短篇教学。

短篇教学是短视频市场发展起来之后的新兴教学内容类型。

从教学内容的原始定位来讲,短篇教学这类轻教学是一个"伪命题式"的存在,因为当一个内容定位在教学这条"赛道"上时,就已经决定了它必须给用户足够的"干货",让用户能因为这一篇教学而产生"饱腹感"。而短篇教学抓住的则是这个时代的用户心理:对最基础的游戏知识都不想了解,只想赶快开一局。短篇教学把看起来非常基础的技能连招、道具使用、卡牌效果等做成短视频,方便用户快速上手。

与传统文字类教学相比,短篇教学有游戏画面的呈现,让整个教学内容展现得更加立体,也让用户更直观地理解教学内容。

由于短篇教学属于教学内容的范畴,因此其基本架构也是固定的——先介绍教学内容及简要的背景,然后进行教学内容的延展,最后加一个简短的结尾。在篇幅受限的情况下,短视频开头和结尾部分都是能省则省的,避免影响整个教学内容的呈现。

短篇教学的脚本撰写基本相当于传统教学类内容的文稿撰写,区别就是要尽可能压缩篇幅,保证旁白能在短时间内播完。尽量选择不影响旁白音的纯音乐,避免出现背景音乐喧宾夺主的情况。视频的画面素材可以选用现有素材（但不能侵权），也可以根据脚本内容进行录制。

（4）宣传片。

宣传片是采用制作电视、电影的表现手法，对电子竞技赛事内部的各个层面有重点、有针对、有秩序地进行策划、拍摄、录音、剪辑、配音、配乐、合成输出制作的成片，目的是声色并茂地展示电子竞技赛事独特的风格面貌，给社会不同层面的人士留下正面、良好的印象，从而让他们建立对该电子竞技赛事的好感和信任。

（5）Vlog。

Vlog 全称为 Video Log 或 Video Blog，是源于"Blog"的变体，意思为"视频日志"或"视频博客"，是博客的一个内容分类。Vlog 多用于记录作者的个人生活日常，主题非常广泛，如参加大型活动的记录、日常生活琐事的集合等。

在电子竞技领域中，有大量赛场内外、台前幕后的小事在发生，一些新媒体运营方把这些大大小小的细节以视频或图片的形式记录下来，通过整理和加工制作成 Vlog 或 Plog（Picture log，图片日志）发布在对应的新媒体账号上。这种偏生活化的内容可以大大拉近选手、解说与粉丝之间的距离，让这些电子竞技 IP 的形象更加丰满立体。

Vlog 没有固定的形式，也没有固定的框架，其自由度可以说是所有电子竞技相关内容创作中最高的。

但是，自由度高并不意味着可以随心所欲。Vlog 虽然在脚本上没有特别需求，但还是要梳理出一个符合常规逻辑的框架，比如 Vlog 内容是记录选手的一天，就不能 5 分钟的 Vlog 中 4 分钟都是早晨的内容。画面素材要避免出现过于隐私的内容或被拍摄者介意的画面，如需使用要做好加工处理（如打马赛克等）。背景音乐需要尽可能符合画面主题，常规 Vlog 用轻松舒缓的音乐即可，情绪化类型的 Vlog 就要用一些情感氛围浓郁的音乐。

（6）热点仿拍。

短视频短、平、快的特征与电子竞技的互联网属性格外契合，因此短视频平台的仿拍也成为电子竞技的宣传内容中常用的一种形式。

短视频平台每天都在涌现大量的新作品，这些作品中有极少数一部分会成为引领风潮的爆款作品，每当爆款出现，就会有大量同类型的模仿视频出现。随着这种风潮愈演愈烈，短视频平台开始提供同款模板鼓励仿拍，后来从仿拍的模式中又衍生出了合拍的模式。

对于短视频平台而言，仿拍的模式吸引了更多用户加入创作行列，同时让平台内的热点得到了持续扩散。对于新媒体运营而言，这种仿拍模式可以第一时间从公共流量池中获取流量，也能展现账号 IP 的特色。

对电子竞技而言，无论是作者还是赛事，IP 的价值往往是大于视频本身带来的直接经济收益的。

热点仿拍的格式主要取决于原热点视频的格式，既然是仿拍就要尽一切可能保证节奏相同，不要在框架部分做太多调整，不然就失去了仿拍的意义。

仿拍的原创部分主要是内容的填充。比如某一时期的热门内容是王心凌《爱你》的现场舞蹈，绝大多数主流的仿拍作品是跟着音乐仿跳舞蹈。电子竞技俱乐部如果要进行仿拍，可以设计几位选手分别跳该舞蹈的一部分，组合成一段仿拍视频。

但是，并不是所有热门内容都适合仿拍。在提出仿拍策划方案之前要对原作品的模式、引导的价值观等一系列因素进行深度考量，避免因仿拍作品引发舆论风险。

（7）其他内容。

① 实时赛况。

实时赛况是与战报相辅相成的内容，主要是通过社交媒体实时传播一些精彩的比赛画面。例如"一诺在比赛 8 分 37 秒拿下四杀"这种消息一定要配合一个简短的视频（至少是个动图）来看，才更能让用户有概念，单纯用文字说"一诺四杀"太过单薄而缺少看点。

实时赛况也是第三方媒体竞争力的核心体现，有些媒体可以通过"战报+赛况"将比赛内容的 50%～80% 呈现给用户，这样的赛况更新频率也能让媒体在用户心目中留下深刻印象。

这类视频内容还可以当作后续制作集锦类视频的素材，避免重复观看比赛为制作内容增加额外的时间成本。

② 线下专访。

随着线下赛的不断增多，赛事媒体拥有了更多直面选手的可能，因此也获得了更多面对面采访他们的机会。

大多数赛事设有官方采访，而且是面向所有观众的，通常比较严肃、正式。媒体的线下专访则不同，一方面媒体可以提一些不同渠道观众反馈的问题，形成观众与选手的间接互动，另一方面选手面对媒体的采访也不必过于拘谨，有些情绪和言辞可以在第三方媒体专访中适度展示。

③ 情景短剧。

近年来，情景短剧异常火爆，大量用户投入此类内容的制作。

电子竞技类的情景短剧主要用途是为了拉近选手与观众的距离，把选手塑造得更为立体。所以电子竞技的情景短剧多是一些选手之间的互动或选手一起做一些小游戏，这类短剧不需要太复杂的设计，只需要呈现选手比较生活化的一面即可。较为复杂的剧情不太适合由选手呈现，而且剧本、拍摄需要额外支出，不如简单的互动活动形式更适合在短视频媒体平台投放。

即时思考：短视频平台的兴起对于电子竞技赛事的宣传有哪些帮助？

---

3. 电子竞技新媒体长视频类内容制作

（1）宣传片。

对电子竞技领域而言，宣传片多用于赛事和游戏两方面。赛事方面，包括联赛新赛季与总决赛的宣传、杯赛定档启动的宣传、俱乐部出征赛事的宣传等。游戏方面，包括新版本的宣传、活动的宣传、游戏内各类机制引擎升级的宣传等。

需要注意的是，宣传片的时长往往不是很长，但制作难度和精度完全与长视频相同。所以宣传片往往用在正式的、官方的场合。

宣传片没有固定结构，整体架构要根据宣传内容的 IP 风格而定。

这里以赛事宣传片制作为例进行讲解。制作赛事宣传片首先要对赛事的游戏 IP 有理解。如制作 CS:GO 的赛事宣传片，要了解 CS:GO 是一款 FPS 游戏，分为反恐精英与恐怖分子两个对立阵营，竞技环节要通过枪械射击和道具投掷来实现。

其次就是要对赛事本身的性质有理解：是联赛还是杯赛，是世界赛还是校园赛，是主播娱乐赛还是线下总决赛……这些都会影响宣传片的节奏。还要对本次赛事的主题有理解，比如如果赛事主题是"全民电子竞技，大众参与"，那宣传片的内容就一定要尽可能贴近大众生活，符合大众口味，最大限度降低理解成本。

（2）纪录片。

纪录片是以真实生活为创作素材，以真人真事为表现对象，并对其进行艺术处理和呈现的影视艺术形式。纪录片的本质是展现现实，而现实往往能引起人们的思考。纪录片的核心是真实。

与其他纪录片一样，电子竞技的纪录片贵在真实也胜在真实。即使在信息发达的新媒体时代，观众对幕后信息的获取仍是有限的，而纪录片可以通过台前幕后故事的串联立体地还原许多事件和人物。

电子竞技纪录片有很多个分支，具体结构要看纪录片的主题。

① 夺冠纪录片。

夺冠纪录片是纪录战队或个人夺得某项目冠军的纪录影片。夺冠纪录片的呈现方式由制作方决定，如果是由赛事方制作，那么纪录片整体会围绕队伍在赛事上的表现展开，包括使用一些场上、场下的镜头作为串联；如果由战队制作，那么纪录片会包含更多生活化的内容和幕后小故事，因为这一类素材赛事方是完全没有时间和空间去收集的。

② 电子竞技专题纪录片。

电子竞技专题纪录片是在统一的主题下联合各类业内 IP 制作的纪录影片。这类纪录片一般由第三方媒体制作，并且在制作系列纪录片之前需要沟通好各方资源，其制作是一个非常庞大的工程。比较有代表性的电子竞技专题纪录片是《电子竞技在中国》。

③ 战队纪录片。

战队纪录片是对战队阶段性表现进行总结的纪录影片。战队纪录片多以赛季为时间单位制作，一个赛季结束，战队方就会把整个赛季拍摄的素材进行整理，并结合需求还原一些台前幕后的故事。

④ 电子竞技人物志。

电子竞技人物志是记录选手、主播或著名行业从业者某一时期经历的影片。人物志要以特定的人物为中心，通常通过第一或第三人称视角讲述该人物的经历，再通过这些经历来塑造人物形象。

图 4-4 所示是世界电子竞技领域美誉度较高的纪录片之一——Ti《真视界》的片头。Ti 全称"DOTA2 国际邀请赛"，是 DOTA2 最高级别的赛事，也是当前全世界奖金最高的电子竞技赛事，每年的 Ti 在全球范围内都有极高的关注度。《真视界》系列是每年 Ti 总决赛的官方纪录片，V 社（Valve Software，维尔福软件公司）为了尽可能还原赛事的全貌，毫不避讳地把一些选手抱怨的话保留在纪录片里，能让观众非常真切

地感受到选手当时的心态和状态。

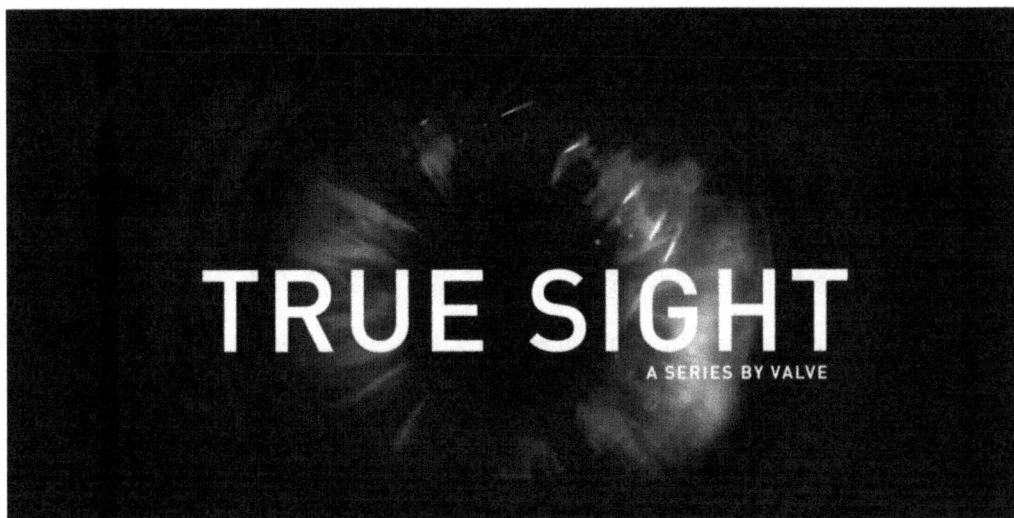

图 4-4

　　《真视界》的结构是统一的，除了片头片尾部分，全部以总决赛的进程为主线，其间每一小段的结构也是以比赛的赛前、赛中、赛后顺序进行编排，制作者通过用户最容易理解的基础逻辑将影片的核心"True"（真实）演绎到了极致。

　　（3）评测视频。

　　评测广泛存在于各个领域。电子竞技领域存在大量的评测内容，包括游戏可玩性评测、游戏内各种元素评测、游戏配套软硬件评测等。由于评测是需要大量测试作为论据的，而这些测试环节越复杂越能够满足用户"货比三家"的需求，因此评测类视频普遍较长，也需要用户对所评测的产品有基础认知。

　　（4）二创、"鬼畜"。

　　二创即二次创作，也叫再创作（re-creation），指使用已存在的文字、图像、影片、音乐或其他艺术作品进行的创作。二创并不一定是抄袭，其创作模式包括仿作、改编、引用并加以发挥等，而媒体形式可以是动漫、话剧、舞台剧、电影、电视节目、小说等。

"鬼畜"视频指的是一种视频网站上较为常见的原创视频类型，该类视频的画面元素快速重复，节奏与背景音乐高度同步，以此达到"洗脑"的搞笑效果，或通过视频（或音频）剪辑，用频率极高的画面（或声音）重复组合成一段新视频（或音频），音画同步率极高。

二创和鬼畜的视频大多不长，但其本身制作难度和制作精度完全不亚于传统长视频。热点捕捉、素材获取、脚本设计等环节对于鬼畜和二创作品来讲都是非常关键的。

目前电子竞技领域优秀的二创和鬼畜作品不算太多，一方面是因为这类二创内容需要大量的技术支持和创意上的支持，往往不是一个普通爱好者能独立完成的；另一方面二创的素材获取存在一定困难，并不是每个游戏都是开源的，有些内容可能会涉及著作权问题。

即时思考：在宣传内容制作的时候，如何避免著作权问题？

（5）其他内容。

① 直播回放。

早期直播回放都是由专门的工作人员录制的，随着第三方插件的出现和平台功能的不断完善，回放的难题得到解决。

长篇直播回放一方面满足了未能按时观看直播用户对直播内容的需求，另一方面为希望通过直播内容进行二次创作的媒体和个人提供了稳定的素材来源。

直播回放的基础制作模式非常简单，只需要对直播内容进行粗略剪辑，并且回放要尽一切可能保证内容的完整性。

② 专业教学和分析。

专业教学和分析内容在长视频领域有稳定的受众。与文字内容相比，视频的优势更明显——动态画面呈现。当这类内容能够结合画面来进行选手第一视角解读，甚至逐帧分析，那么就会大大提升其大众认可度。

以长视频形式来制作这类专业内容会遇到一个问题，就是制作的时间成本。严格意义上讲，长视频专业内容＝文字版专业内容＋对应游戏画面内容＋配音。

③ 综艺节目。

综艺节目是一种娱乐性的电视节目形式，能给观众带来很多乐趣。时下兴起的互联网综艺节目，脱胎于传统电视综艺节目，依托于互联网的方式进行传播，是一种新兴的综艺形式。

电子竞技综艺近年开始兴起，主要服务于一些有跨界合作的赛事和游戏。目前来看，电子竞技综艺的整体效果并不太理想，毕竟电子竞技的解说、选手、主播不是艺人，他们的镜头感要比艺人差一些，与艺人之间的互动也会略显尴尬。

④ 自制节目。

近年来，许多自制节目也开始活跃在电子竞技的主流媒体上，相比前面提到的综艺节目，自制节目更适合主播发挥自身特色，凸显个人 IP。

一方面，这类活动绝大多数都是平台主播或从业人士之间的互动，大家平时或多或少有一些交集，话题、爱好等都能够达到基本一致，交流起来非常自然。另一方面，节目制作方会对受邀主播的习惯、风格更为了解，能够安排更多适合他们自由发挥而不只是适合镜头呈现的内容。这类自制节目对于用户而言，这些真实的互动更有吸引力，更能引发用户的讨论。

⑤ 长视频集锦。

长视频的集锦栏目是直播平台出现以后涌现出的内容品类，创作者将不同主播精彩的直播画面剪辑到同一个视频内，为用户奉上精彩内容的"串烧"。

在短视频集锦大面积崛起的时代，长视频集锦主要胜在素材完整，内容优质。这类栏目从早期出现开始，一直存在有偿征集投稿的基础模式，这让他们拥有了大量可供筛选的优质素材。上乘素材结合剪辑与内容排编，整个栏目内容的质量自然就有保证了。

这类栏目的更新频率都在 3 ～ 7 天，早期更新慢是因为素材不够，现在更新慢是因为用户的要求在不断提升。

即时思考：与短视频相比较，长视频的优势有哪些？

4.2　任务　撰写电子竞技赛事新媒体文案

电子竞技赛事宣传文案需要与发布的媒体进行匹配，例如发布媒体为微信公众号，那么就需要图文结合，甚至加入一些动图来增强展示效果。对于文案的内容，不宜过长，需要将标题、数据等重点内容进行加粗或加大等方式进行呈现。

➤ 任务要求

1. 图文并茂，突出主旨、重点。

2. 准确交代赛事的时间、地点、人物、主题背景等。

3. 赛事过程描述言简意赅，概括而全面。

4. 完整、清晰地描述赛事全过程。

4.2.1　子任务一：撰写电子竞技赛事新闻稿

➤ 任务背景

新闻稿是对近期发生事实的报道，报道的新闻必须是最近、最新发生的，赛事报道，同理，一场比赛的新闻稿基本要求在赛事当天就报道出来。假如你打算入职一家电子竞技新媒体公司，需要你完成一个关于电子竞技新媒体的面试题。

➢ 任务操作

结合近期电子竞技热点，产出 1 篇相关文章。下面将给出简单的格式及范例。

（1）官方：英雄联盟传奇选手 Uzi 加盟 EDG，将携手征战夏季赛。

（2）电子竞技热点内容举例（仅供参考，可以自行寻找选题产出文章）：

① 杭州亚运会电子竞技赛事赛程公布，将于 9 月 24 日—10 月 2 日进行；

② 亚洲首个 Major 落沪！中国 CS 电子竞技"久旱逢甘霖"；

③ 七年生涯画下句点，狼队王者荣耀分部选手刺痛宣布退役；

④ 深夜感悟？对 JDG 遭遇七连败后，BLG 上单 Bin 深夜发文。

（格式简要指南：标题字数不超过 28 字，标题格式采取两段式且不带空格，正文部分排版为首段＋封面图＋其余内容，文章缩略图尺寸不低于 640 像素 ×480 像素。）

4.2.2 子任务二：撰写电子竞技赛事战报

➢ 任务背景

赛事战报是对刚结束的比赛进行复盘、分析的新媒体宣传内容，具有时效性，一场比赛的赛事战报要求在赛事当天就报道出来。你已经入职一家电子竞技新媒体公司，现需要你完成一个电子竞技赛事战报的撰写。

➢ 任务操作

挑选某场最近的电子竞技比赛编写一篇基本的赛事战报，如果需要使用动图，可将动图单独存放。

4.2.3 子任务三：撰写游戏版本分析文章

➤ 任务背景

电子竞技项目一般情况下需要定期的版本更新，随着每次更新，都会产生不同的玩法、策略，作为一名电子竞技新媒体工作者，尤其是在游戏或内容制作公司，需要对工作相关的具体游戏项目有深刻的了解和认识。假如你是一名电子竞技从业人员，现需要你根据熟悉的游戏项目撰写一篇关于新版本或新玩法的介绍。

➤ 任务操作

结合任务要求以 Word 文档形式进行撰写。

4.2.4 巩固思考练习

1. 成为一名合格的电子竞技新媒体人，应具备哪些素质？

2. 撰写电子竞技赛事新媒体文案的素材应如何获取？

3. 对于热点话题，如果出现不一致的观点，在稿件中应该如何呈现？

学习单元 5

电子竞技赛事招商

单元概述

本单元的主要内容是电子竞技赛事招商的相关知识，包括电子竞技赛事招商流程与原则、电子竞技赛事招商方案的构成要素、电子竞技赛事招商合同样例等内容。

知识目标

掌握电子竞技赛事招商的流程与原则；

了解电子竞技赛事招商方案的构成要素；

了解电子竞技赛事招商合同的格式及构成。

技能目标

撰写电子竞技赛事招商方案。

5.1　基础知识

5.1.1　电子竞技赛事招商流程与原则

1. 赛事招商的概念

电子竞技赛事的招商是指电子竞技赛事的运营管理部门根据赛事运营的需要，以积极可行的方式有效地筹集赛事运营所需资金、招揽商户的财务活动。

赛事招商是针对电子竞技赛事进行的引资行为，以实现赛事商业价值为目的。赛事招商是电子竞技赛事运营的重要环节，是赛事成功举办的重要保障。

赛事招商是一项需要多部门合作的工作，整个招商过程涉及内容和步骤很多。在招商活动开展之前，需要招商筹备，制订招商计划、确定招商的项目清单等，而招商筹备工作的开展必须由多部门配合。招商的过程同时也是宣传赛事、寻求合作伙伴的过程，因此需要宣传部门配合工作。而在招商活动的后期，工商、消防、环保、卫生防疫等部门也都会介入项目的审批等相关程序。所以，招商不是一项孤立的、单个部门能独自完成的工作，它涉及的部门之广、环节之多是招商工作区别于赛事其他工作的特点之一。

即时思考：电子竞技赛事为什么一定需要招商环节？

2. 赛事招商的流程

如图 5-1 所示，赛事招商主要分为 3 个阶段：招商筹备、招商谈判、总结评估。

图 5-1

各阶段赛事运营人员工作内容如表 5-1 所示。

表 5-1　各阶段赛事运营人员工作内容

赛事招商阶段	赛事运营人员工作内容	
招商筹备	公司招商任务	招商目标
		招商时间
		团队可用资源
	赞助计划	赞助商的定位
		赞助方式的选择
	招商方案	目标受众
		赛事介绍
		合作方式及资源互换
招商谈判	招商谈判	讲解方案
		评估计划
		签订合同
	实施赞助	赞助约定
		付费方式
		付费时间
总结评估	赞助后评估	利益评估
		回收调查
		计划改进

在招商筹备阶段，需要依次确定公司招商任务、赞助计划，再根据招商任务和赞助计划编写招商方案，如图 5-2 所示。

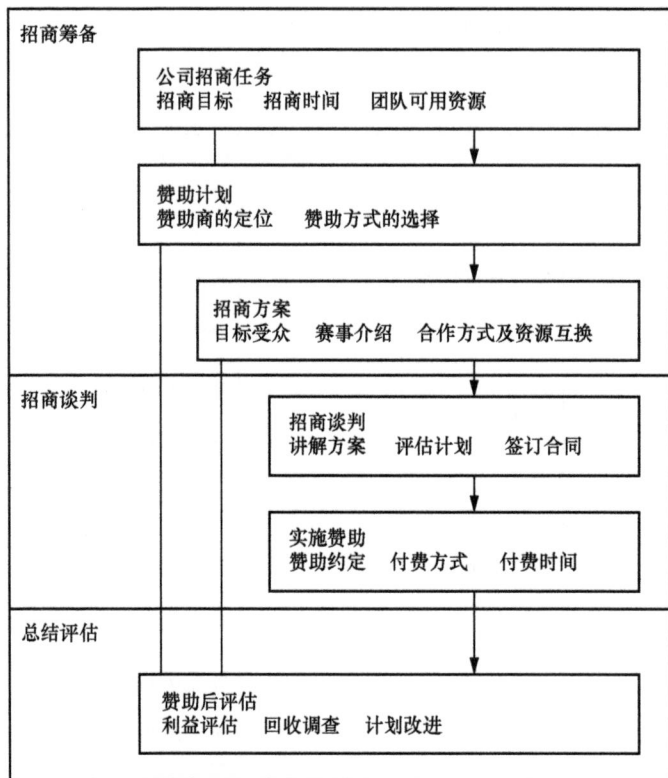

图 5-2

招商筹备工作完成后，进入第二阶段——招商谈判。招商谈判阶段的主要工作内容为招商谈判和实施赞助。第三阶段，赞助后评估的主要目的是评估本次赞助的我方收益（利益评估），总结本次赞助方式的不足（回收调查），并在下一次招商中改进（计划改进）。

3. 赛事招商的原则

实现赞助方与被赞助方双赢是赛事招商的核心目标。赞助方与被赞助方是平等互利的，赞助方按照约定为被赞助方（也就是赛事主办方）提供赞助，被赞助方则满足赞助方的需求，比如树立品牌形象、提升品牌知名度等。从整体上看，只有实现了赞助方与赛事方双赢，才能保证电子竞技赛事持续开展，从而推动整个电子竞技行业的健康发展。从赛事主办方看，实现双赢，可以提升赛事的商业价值及商业口碑，为赛事举办的可持续性提供保证。

为了实现赞助方与赛事方双赢，在招商时应遵循以下原则。

（1）共同目标原则。

对于赞助商和赛事主办方来说，实现双赢的基础之一就是品牌契合度高，赛事的特点应与赞助方的品牌文化、品牌发展方向相契合，才能将双方的优势发挥到最大。比如英雄联盟全球总决赛 S7 的全球冠名商是梅赛德斯 - 奔驰，S7 的口号"英雄，志逐传奇"与梅赛德斯 - 奔驰的品牌形象"心所向，驰以恒"契合，而 S7 赛事中选手们展现出的比赛精神也被认为是梅赛德斯 - 奔驰品牌精神的体现。

（2）换位思考原则。

赛事赞助其实是赞助方与赛事主办方之间进行合作的一种形式，双方应该是平等互利的关系。在合作中，出现赞助相关的利益冲突时，换位思考尤为重要。根据对方提出的需求，换位思考对方最本质的利益诉求，双方相互理解与适当退让，从而达成双赢的目标。也就是说，双赢的商业目标需要在招商谈判中以换位思考原则为基础。

（3）及时沟通原则。

由于赛事存在持续性，赛事的赞助是一项持续时间较长的工作，而且赛事的赞助行为一般涉及多方利益，因此保持及时的沟通协调就尤为重要。在赛事的举办过程中，赛事主办方与赞助商、赞助商与赞助商等及时沟通是非常必要的，避免利益冲突导致"双输"。

（4）利益共享原则。

赛事的赞助行为并不只是赛事主办方与赞助商的资源互换，更是在这一过程中双方品牌价值的互相强化。从这一点上来看，赛事主办方与赞助商是利益共同体，双方在利益互补的基础上拓展品牌的外延，提升赛事辐射的目标群体对双方的品牌感知度，促使双方效益最大化，从而实现双赢。

即时思考：对于电子竞技赛事而言，赞助资金与赞助资源哪个更加常见？

5.1.2　电子竞技赛事招商方案的构成要素

1.　招商筹备

（1）招商任务。

确认招商任务是招商工作的第一步，在确认了需要完成的任务后，才能在此基础上推进下一步的工作。

招商任务一般包含以下 3 个方面。

① 招商目标。招商目标包含需要赞助方提供的现金、物料及商业资源，商业资源包含媒体资源、场地资源、人力资源等。例如，有些赛事会设定场地赞助的招商目标，从而减少赛事的场地费用。

② 招商时间。招商时间是推进招商工作的基础。确定招商完成时间，再倒推招商工作开始的时间节点。招商所需时间因公司能力、人员能力的不同而有所差异，一般来说以合同签订的时间作为招商工作的完成时间。

③ 配合资源。在开始招商任务之前，要先确定本方可用于赛事运营的资源有哪些，可用于与赞助方进行互换的资源有哪些，这些是招商方案制订与招商谈判的基础。

（2）招商计划。

招商计划的主要内容包括目标赞助商的定位和赞助方式的选择。

① 目标赞助商的定位。如何寻找潜在赞助商是招商计划的第一步。首先需要确定本次赛事的定位与受众，再根据定位及受众寻找与受众或潜在受众较为契合的赞助商类别，最后，在契合的赞助商中，确定品牌形象符合本次赛事的作为潜在赞助商。

② 赞助方式的选择。赞助方式分为现金赞助、物料赞助、资源赞助，资源赞助包括场地赞助、媒体赞助、人力赞助等。赞助方式可以多种方式混合，但应先确定本次赛事需要哪些形式的赞助，在与赞助方进行谈判时再进一步调整。

（3）赞助时间表。

要提前根据赛事的进程制订赞助时间表，以便赛事在既定的时间点有对应的赞助，赛事主办方应该与赞助商在合同签订时对赞助时间表的制订达成一致。

（4）赞助商的权益界定。

一般赞助商的权益会根据赞助商的等级作出区分，可以提供的赞助权益如下。

① 冠名权。冠名权指的是以品牌或产品名称命名赛事的权益，品牌或产品名与赛事名共同构成电子竞技赛事官方名称，一般只有冠名赞助商才享有这样的权益。例如，"电信王者荣耀争霸赛"就是由中国电信冠名赞助的电子竞技赛事。

② 排他权。排他权分两种，即一般排他权及全行业排他权。一般排他权是指某行业的企业赞助赛事后，这个行业其他的企业不能再以任何形式与该赛事合作。比如，赞助商是电脑硬件厂商，享有一般排他权，那么同行业的其他电脑及外设企业将不能与此次赛事合作，但其他行业，如日化用品行业的企业依旧可以与赛事合作。相对而言，全行业排他权就更为严格，当某企业独家赞助某赛事，通常就享有全行业排他权，即所有其他企业都不能以任何形式与该赛事合作。

③ 无形资产使用权。无形资产是指赛事中所有的没有实体的非货币性资产，主要包括以下几个方面。

➢ 赛事视觉体系（logo、主题色、某些特定设计元素等）。

➢ 赛事的称谓权。

➢ 赛事口号、主题曲使用权。

➤ 参赛队伍名称使用权。

通常赞助商可以使用赛事的无形资产，但不能处置（如出租、出售等）。

④ 品牌露出。赞助商拥有在赛事中以 logo、标语、视频等形式进行品牌露出的权益。品牌露出的方式包括推广物料、推广文案、比赛现场广告、直播广告、官网标语、主持人口播等，不同赞助等级匹配的品牌露出权益（露出形式及露出方式）也不相同。在《英雄联盟》2018 年全球总决赛 S8 中，赞助商有肯德基（KFC）、梅赛德斯—奔驰、伊利谷粒多、万事达卡等，但游戏内出现全局第一次击杀（"一血"）时露出的品牌只有肯德基。

⑤ 定制推广活动。赞助商可以拥有举办定制推广活动的权益，活动可以以赛事的任何一方面为主题，举办活动的次数根据赞助商等级而设定。

⑥ 推广活动优先赞助权及参与权。赞助商拥有参与赛事相关推广活动的权利，不同等级赞助商的参与人数和次数不同。在为推广活动招募赞助商时，已经赞助赛事的赞助商拥有同等条件下优先赞助推广活动的权利。

⑦ 产品展示权。依据赞助合同，赞助商有权在赛事举办地陈列产品或售卖商品，不同等级的赞助商享有的陈列区或售卖区规格及权益各不相同。

⑧ 接待权益。不同等级的赞助商享有不同规格的接待权益，包括入住酒店、赛事场地的贵宾室、工作班车、门票及入场证件等的不同。

⑨ 其他权益。赞助商需求的且在合同中约定的其他权益。

2. 招商方案

严格地说，招商方案属于赛事策划的一部分，因此在通常情况下，招商方案无法脱离赛事策划单独成章。也就是说，招商的基础是赛事，合作方需要在了解赛事基本情况的基础上，根据对赛事体量和效果的分析，对是否赞助、赞助规模及可能的合作形式做出判断。

招商方案是完全服务于赞助商的文件，招商方案的内容完全围绕赞助商展开。

在实际操作过程中，招商方案一般有普适版本和定制版本两种。普适版本适用于所有潜在赞助商，定制版本则专门针对某个有意向的赞助商而制订。其中，定制版本可以根据赞助商的特定需求或前期沟通中的初步共识进行设定，赞助商的需求千差万别，所以这里重点介绍适合所有潜在赞助商的普适版本。

完整的招商方案构成包括赛事体系详述、赛事团队介绍、赛事效果演示、赛事预算统筹和合作矩阵规划五个部分。

（1）赛事体系详述。

① 赛程大纲：赛事的赛制及整体进程，赞助商通常借此评估赛事的整体体量。

② 赛事推广进程：赛制之下的推广节点、便于呈现的区域。

③ 赛区、赛点一览表：赞助商评估赛事影响力和受众覆盖面的重要参考。

④ 赛事亮点：可能性最大的爆点。爆点能够吸引观众，也就等于吸引赞助商，因此一般需要单独对此进行说明。

⑤ 奖项设置：赞助商会特别关注赛事的奖励，奖励也是衡量赛事体量的重要指标。

⑥ 时间推进表：说明赛事的整体时间跨度及赛程安排，包含发布、推广、比赛等关键环节的时间节点。时间推进表也是赞助商非常关心的内容，每家公司的赞助预算一般都在前一年年底拟定，赞助预算会拆分为月度指标、季度指标、半年指标和全年指标，因此时间是否契合也是赞助商是否"有预算"投入的重要原因之一。

除此之外，赞助商还会将时间推进表的节点与本公司的推广事件、推广节点作比照，有时会提出调整赛事时间节点的需求以配合本公司的宣发和推广事件。

（2）赛事团队介绍。

赛事团队通常分为两大部分：第一部分为赛事主办方，也就是 ×× 公司、×× 行业协会等资方；第二部分为赛事执行团队。

赞助商会着重关注与什么人合作、合作者是否具备与赛事相匹配的实力等问题，赛事执行能力强往往是叩开赞助商大门的"敲门砖"，实力足够更利于合作破冰。

（3）赛事效果演示。

赛事效果演示是对赛事完美预期的展望和分析，最好以效果图和数据分析的形式呈现。效果图的形式有现场效果图、推广模拟图、直播示意图、线上线下植入图、厂商展示图等；数据分析包含参赛人群预估、覆盖人群预估、影响人群预估、媒体曝光量预估、影响力转化预估、曝光总时长预估等。

（4）赛事预算统筹。

赛事预算统筹通常包括预算大纲与成本明细。这里的预算皆为对外报价，是赞助商考量赛事体量、主体投入及回报预期的重要参考。尤其是推广成本及宣发成本，赞助商认为成本越高，越需要考量投放的意义。

（5）合作矩阵规划。

合作矩阵包含针对不同赞助商的权益及费用规划，明码标价，是招商方案中博弈的重要环节。

即时思考：如果是一个学校的内部比赛，赞助矩阵设置几个级别合适？

---

3. 招商合作的内容

（1）合作类型。

合作类型基于不同的标准进行划分。列出合作类型的意义，是便于赞助商快速知晓自己的投入与回报，明确自己赞助的赛事所属的梯队。

按照投资与收益的标准，合作类型可简单分为总冠名、联合主办、战略合作、合作矩阵、媒体矩阵等 5 种类型，赞助商名称也按照这 5 种类型排列。

（2）合作权益

赞助商的合作权益即赞助商的各类信息在赛事过程中的展现，目前主流的赛事赞助方权益包括以下 4 类。

① 线上线下的 VI 露出。

② 主持人、解说口播。

③ 广告片播放。

④ 植入产品作为互动奖品或关键物。

⑤ 媒体曝光。

（3）合作周期。

合作周期不等于赛事周期，合作周期以书面的合同文字为准。一般来说，合作周期会远远超过赛事本身的周期，从赛事前期的招募、推广、造势开始，到赛事结束，以及赛事结束后媒体与相关资源进行匹配的一段时间，都属于合作周期。在正常情况下，赛事及相关资源匹配结束后得到赞助商的最终确认，被认为一个招商合作周期完结。

即时思考：如果没有明确合作周期，会发生哪些问题？

5.1.3　电子竞技赛事招商合作协议样例

大赛招商合作协议

甲方：

乙方：

甲乙双方本着优势互补、合作共赢的原则，经友好协商，就乙方运作甲方项目的合作招商达成以下协议。

一、甲方的权利和义务

1. 甲方是大赛执行单位；

2. 甲方负责大赛的策划、组织、实施、招商和总体控制，并保障活动的圆满完成；

3. 甲方有义务为乙方提供招商所需要的文件和必要的宣传物料，并对乙方的推广和招商给予积极的指导；

4. 甲方有义务将大赛开展的进度及相关活动的调整等情况及时告知乙方；

5. 甲方授予乙方招商合作伙伴的资格；

6. 甲方委派为乙方招商运营的甲方协调人，全权代表甲方与乙方沟通和协调，以帮助和促使乙方的运作圆满成功。

二、乙方的权利和义务

1. 甲方授权乙方为本次大赛的招商合作伙伴，负责招商工作；

2. 乙方确认开发的客户后第一时间将相关信息提交至大赛组委会，由大赛组委会进行审核；

3. 乙方对外宣传资料须报甲方审批，经甲方同意后方可使用，未经甲方书面同意的对外宣传资料和对客户的承诺，甲方不予承认；

4. 乙方必须严格遵守甲方规定的价格，严禁擅自降价或抬价，一经发现，本协议自动失效，造成的损失由乙方承担；

5. 乙方应严格遵守申报程序，所开发的客户必须由组委会审核确认并签署赞助协议，若未经授权而擅自利用大赛的名义和商标进行商业活动，一经发现本协议自动失效，造成的甲方名誉损失和直接经济损失由乙方承担。

三、相关款项

1. 乙方招商的销售业绩，甲方乙方按照 5:5 的比例进行分配，销售业绩包括现金和实物；

2. 乙方招商的客户款项统一汇入甲方指定账户，乙方不得代收款项，一旦代收，甲方不承担所涉及客户回报条款，乙方承担所有责任；

3. 业绩分配在全部款项到账后 10 个工作日内结算完毕。

四、协议的变更和解除

1. 本协议经双方书面同意，可以修改、补充或调整；

2. 本协议有效期内，任何一方违反本协议的相关规定，并且自另一方书面通知之日起 3 日内仍未改正的，另一方有权终止本协议；

3. 如不可抗力因素致使本协议有关条款的履行受到影响，双方应按照本协议的部分义务履行，或者延期履行本协议。

五、违约责任

1. 任何一方未履行本协议义务或者履行本协议义务不符合约定的，应立即继续履行其义务，在 5 个工作日内必须完成该项义务，否则协议终止，违约方应承担相应的违约责任；

2. 如不可抗力因素导致本协议无法履行，双方均不承担违约责任。

六、协议生效和其他

1. 本协议有效期为协议签订之日起至_____年_____月_____日；

2. 本协议未尽事宜，双方进一步友好协商，如发生纠纷，可诉至双方所在地的人民法院；

3. 本协议经双方签字盖章后正式生效；

4. 本协议一式四份，双方各执两份，具有同等法律效力。

甲方（盖章）：　　　　　　　　　　乙方（盖章）：

签约代表：　　　　　　　　　　　　签约代表：

年　月　日　　　　　　　　　　　　年　月　日

5.2　任务　撰写电子竞技赛事招商方案

小 Y 是某高校电子竞技社团的运营工作人员，现接到所在学院关于举办电子竞技赛事的通知，而且赛事需要面向社会进行招商，所以小 Y 需要根据赛事主办方提供的赛事背景资料配合电子竞技赛事的招商工作。

➤ 任务要求

1. 整理赛事方资源优势；

2. 明确并整理赞助资源；

3. 明确赛事赞助执行流程；

4. 对赛事赞助节点有明确的策划。

5.2.1　子任务一：赛事招商方案 PPT 制作

➤ 任务背景

赞助是指企业或组织为了达到自己的目标而向某一社会事业或社会活动提供资金、物资或服务支持的一种商业行为。赞助是市场营销的内容之一，企业或组织通过赞助，投入资金、人力、物品、技术或服务，来获得冠名、广告、专利及促销等权利的回报，最终达到促进对应产品的销售、提升品牌知名度等目的。

电子竞技赛事招商是将电子竞技赛事的受众与适用于受众的产品进行连接的有效方式，作为电子竞技赛事主办方可以获得相应的来自赞助商的资金、人力、物品、技术或服务，赞助商则可以获得相应的权益。

➢ 任务操作

高校电子竞技赛事主办方为招募赞助商，需要制作一份赛事招商方案。方案需要包含封面标题、赛事背景、赛事推广进程、赛事亮点、赛事预算、赞助商矩阵示意图、赞助方权益分析、赛事回报优势。

接下来使用 PowerPoint 制作一份基础的赛事招商方案。

① 打开 PowerPoint，新建一个空白文档，根据任务要求，将标题设置为"高校电子竞技大赛招商方案"，并调整字号，如图 5-3 所示。

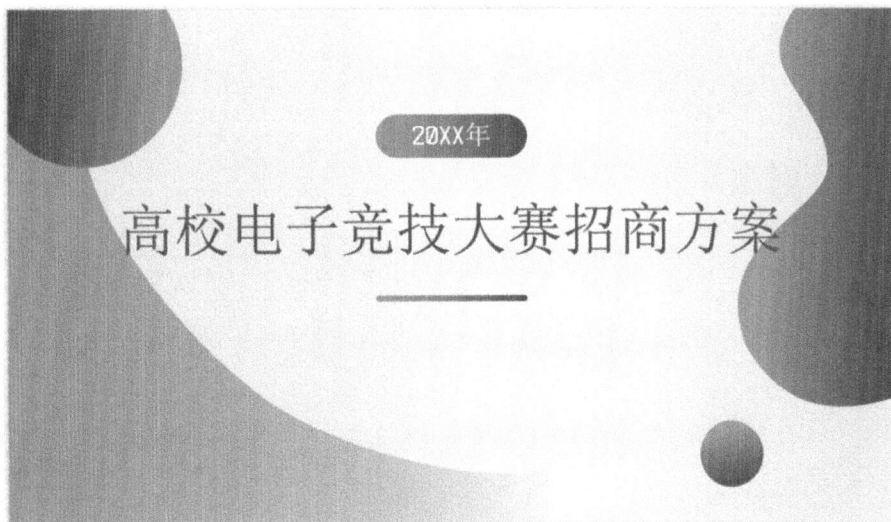

图 5-3

② 设计目录页面，效果如图 5-4 所示。

图 5-4

③ 制作赛事介绍页面，效果如图 5-5 所示。

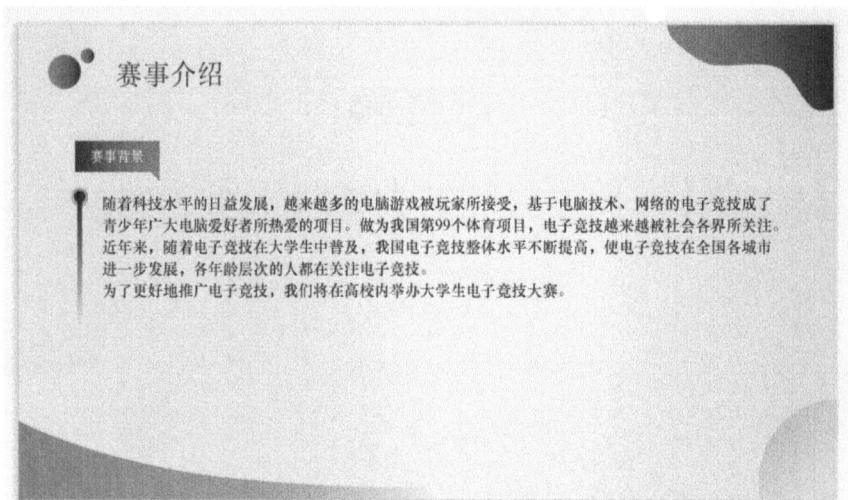

图 5-5

④ 制作赛事推广进度页面，效果如图 5-6 所示。

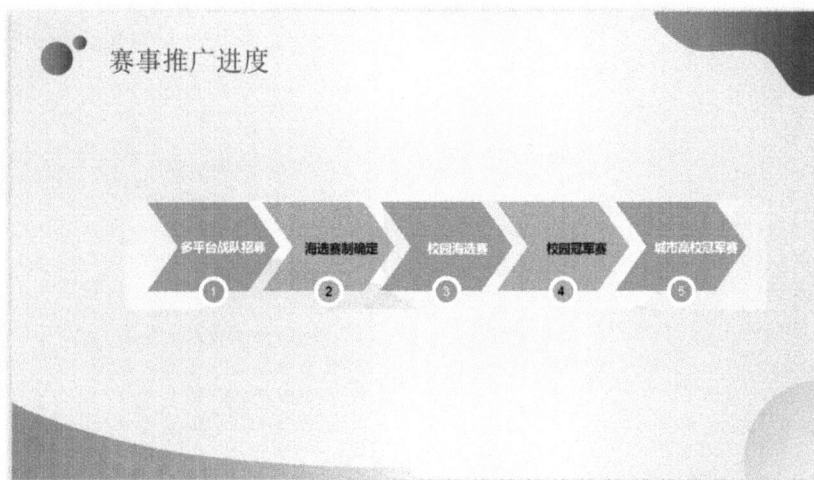

图 5-6

⑤ 制作赛事亮点页面，效果如图 5-7 所示。

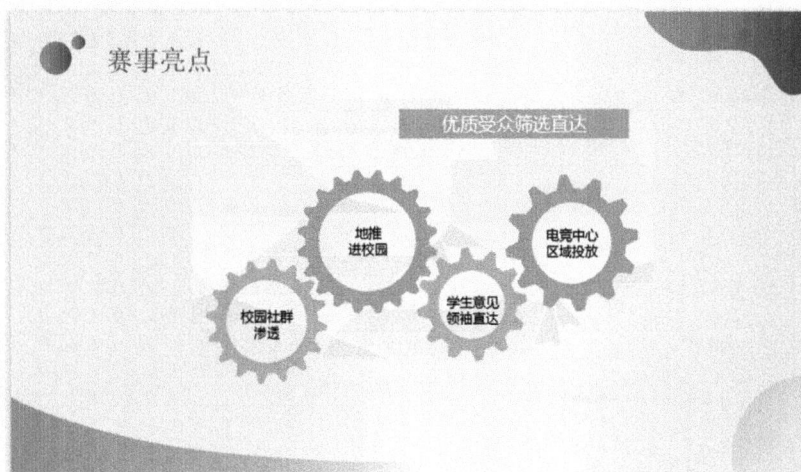

图 5-7

⑥ 制作赞助商矩阵示意图页面，效果如图 5-8 所示。

图 5-8

⑦ 制作赞助商权益分析页面，效果如图 5-9 所示。

图 5-9

⑧ 制作赛事回报优势页面，效果如图 5-10 所示。

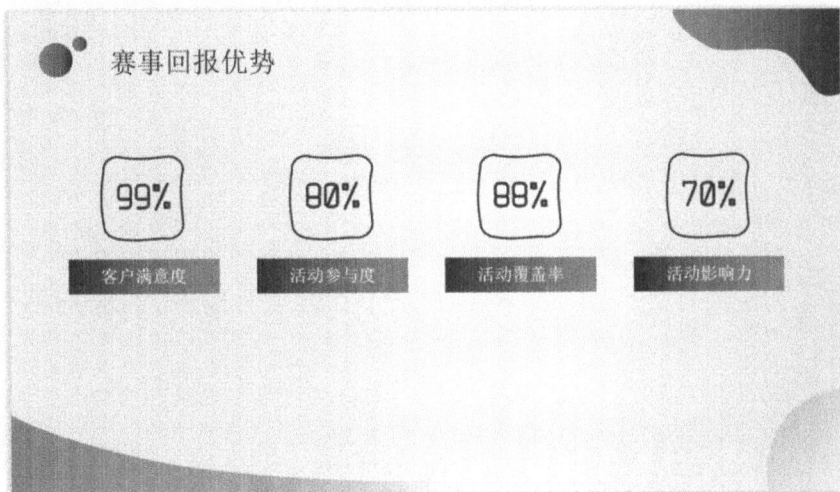

图 5-10

⑨ 制作执行流程页面，效果如图 5-11 所示。

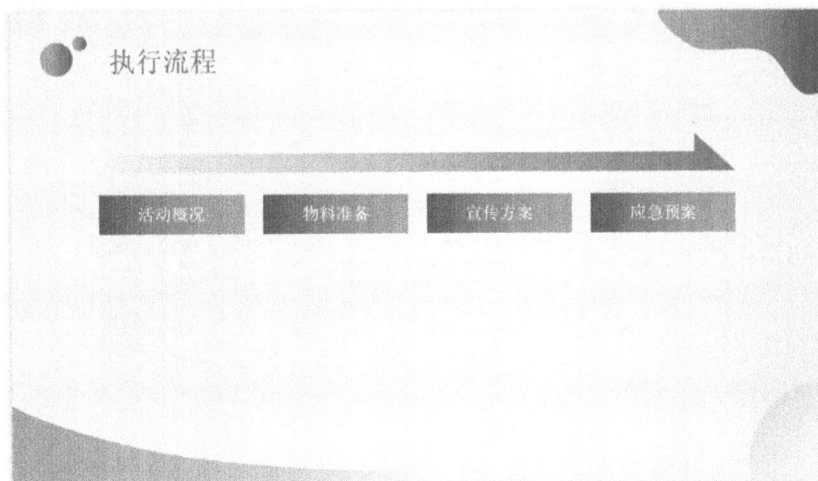

图 5-11

⑩ 制作活动收尾工作页面，效果如图 5-12 所示。

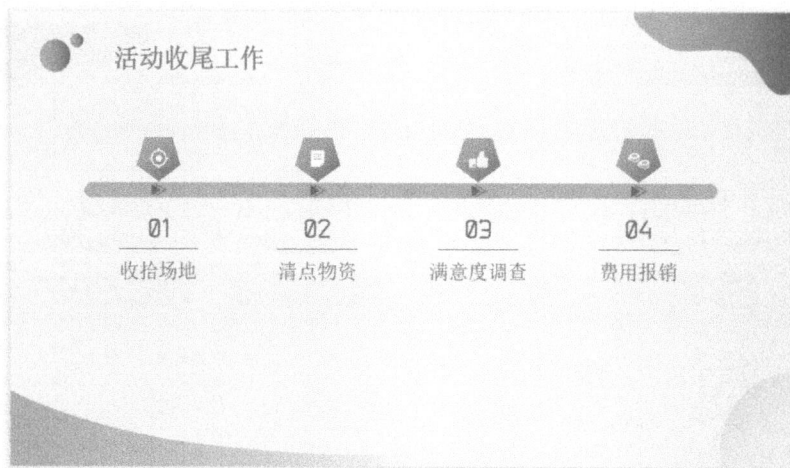

图 5-12

⑪ 制作赛事预算页面，效果如图 5-13 所示。

项目大类	明细	内容	单价/元	单位	数量	预算总价/元	备注
场地租赁	阶梯舞台	场地费	20000	天	1	20000	
舞美搭建	主舞台屏幕	Led屏16:9 6mx3.5m	10000	块	1	10000	
	主舞台灯光	灯光+补光灯	6000	套	1	6000	
	舞台	舞台布置、桌椅等	3000	套	1	3000	
	选手设备	电竞椅租赁	80	把	12	960	
	摄像、导播设备	两部手机+外置声卡+麦克风+支架+监听耳机+转播设备	6000	套	1	6000	
执行组	直导播	导演，导播，OB，字幕	9000	人	1	9000	
	线上执行	裁判，选管	1000	组/天	3	3000	
	线下执行	裁判x8、场长、志愿者、选管、项目统筹、协调管理、后勤保障	4500	组/天	1	4500	
	餐饮	工作人员饭费	40	人	28	1120	
	交通	工作人员路费	30	人	28	840	
后勤、其他	现场小型物料制作	主视觉|海报|易拉宝	5000	套	1	5000	
	设备运输	比赛机器|直播设备|宣传物料	5000	次	1	5000	
	项目宣传	电竞垂类媒体|新闻插件	1000	次	2	2000	
	选手奖金	冠亚季军选手总奖金	20000	组	1	20000	冠军10000，亚军6000，季军4000
总计（不含税费）						96420	

图 5-13

至此，赛事招商方案 PPT 已经制作完成，最终页面效果如图 5-14 所示。

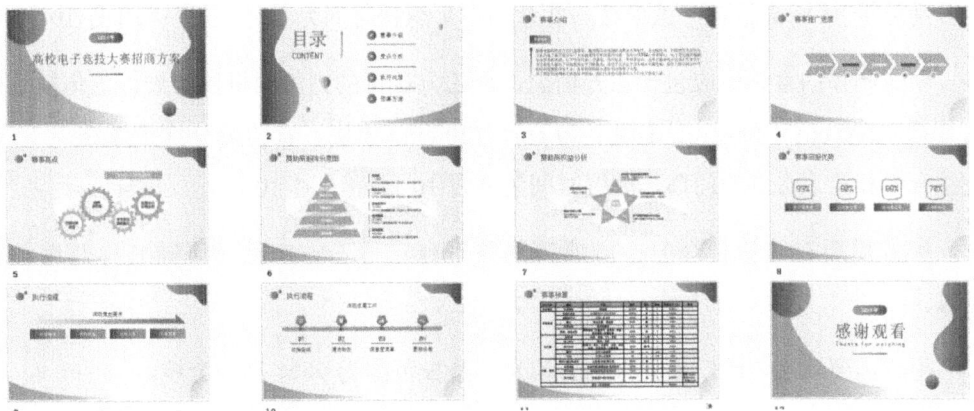

图 5-14

5.2.2　子任务二：赛事招商合同编写

> 任务背景

××高校××学院与××游戏外设公司就本次高校电子竞技大赛的赞助事宜进行了一次会议，下面是该会议的会议纪要。

甲方：××高校××学院。

乙方：××游戏外设公司。

赞助项目：高校电子竞技大赛

活动时间：9 月 10 日—10 月 10 日

活动地点：××高校

乙方全程赞助本次大赛，赞助总额合计人民币 96420 元整。赞助总额分两次付清，自协议签订第二天起 3 个工作日内，乙方须支付赞助总额的 60%；在项目结束后，乙方要在结束第二天起 3 个工作日内付清余款。

甲方承担活动冠名权的实施。甲方需要提供长度 20 米的祝贺条幅 2 条，悬挂地点分别位于××高校第一教学楼与礼堂门口；悬挂时间为9月10日—10月10日。

甲方制作的宣传板应包含乙方信息，用乙方认可的宣传画报作背景，宣传板规格及数量：100 cm×200 cm，1块；80 cm×120 cm，1块。宣传板分别放置在××高校综合楼和第一食堂的门口，放置时间为9月10日—10月10日。

甲方需要在微信公众号、微博等网络平台宣传乙方产品、店铺名称及地址等信息。

甲方需要通过校园广播播报乙方信息，播报范围为××高校全校。

乙方享有本次活动的冠名权。

约束机制：如果乙方违约，甲方将追究相应责任并要求赔偿因此甲方所受的一切损失；如果甲方违约（如未按承诺提供条幅、宣传板等宣传物料，或者宣传时未按承诺提供乙方的信息），乙方有权利减少（情节严重时可拒绝）支付剩余款项。

➤ 知识背景

招商合同和其他合同一样，通常由合同首部、合同正文和合同尾部组成。

（1）合同首部。

赛事合同的首部通常由标题、合同编号、合同主体和引言四部分组成。

标题就是合同的名称，一般来说，合同名称应至少要明确合同的类型，如"租赁合同""赞助合同""出版合同"等；合同编号是为了方便管理与查找合同而设置的序列号；合同主体指的是签约双方（甲、乙方）的名称、地址、联系电话、电子邮箱、传真、邮政编码等内容，可根据双方协商情况选择其中一部分；引言是对合同签订目的的简要描述，主要有两方面内容：一方面是概括合同内容、明确合同目的，另一方面是表示合同主体对该合同基本内容的一致认同。

另外，有些大型电子竞技赛事的赞助商合同还会以封面的形式来呈现合同首部。

（2）合同正文。

合同正文是合同的基本条款，是合同的核心内容，是合同主体协商一致的表达。合同正文一般从是什么、做什么、怎么做、违约怎么处理等 4 个方面展开，主要包含以下内容。

① 定义。定义主要是对于在赛事合同中出现的相关名词、称谓等用语的含义和范围作出明确规定的条款，如下列所示。

---

1. ××公司（甲方）是指具有合法资质，并已经与赛事主办方签订了承办协议的赛事筹备组织。

2. "日""月""年"均指公历的日、月、年。

3. "包括"指包括但不限于。

4. 货币单位"元"指人民币元。

---

② 合同主体的权利和义务。合同主体的权利和义务是对签订合同的双方或多方享受的权利和承担的义务的明确划分，是合同的必要条款，如下列所示。

甲方的权利

甲方和乙方共同拥有本次活动的知识产权、内容版权。

甲方的义务

甲方须采取适当措施对乙方提供的素材、设计进行合规监督，并提出修改意见。

乙方的权利

合同到期时，同等条件下，乙方有优先续约权。

乙方的义务

1. 向甲方提供合法经营的相应的证明文件（复印件加盖公章）。

> 2. 须按照约定及时支付各类款项。

③ 费用条款。所有合同主体或其中一方需要支付费用或提供服务时，须有专门条款对费用数目及支付方式、服务内容及提供方式进行明确说明。费用条款是合同的必要条款，包括费用明细、付款时间、账户信息及其他费用约束或补充。条款如下列所示。

> 1. 费用明细：合同总价款人民币_____元（大写：_____元整），如乙方完成相关设计、推广服务需使用或借助第三平台资源的，所产生的费用由乙方自行承担，乙方不得再以任何事实或理由，要求甲方支付其他费用、开支。
>
> 2. 付款时间：甲方在收到乙方开具的专用增值税发票____个工作日内，向乙方支付合同总额的____%，即人民币_____元（大写：_____元整）。
>
> 乙方账户信息：
>
> 户名：
>
> 开户行：
>
> 账号：
>
> 3. 本合同费用包括乙方为履行合同所发生的一切费用，除此之外，甲方不支付任何额外费用。

④ 保密条款。保密条款是合同主体就技术、经营状况、人员等与保密有关的事项所作的约定。条款如下列所示。

> 任何一方对于因签署或履行本合同而了解或接触到的对方的机密资料和信息（下称"保密信息"）承担保密义务；非经对方书面同意，任何一方不得向第三方泄露、给予或转让该保密信息。保密信息包括但不限于未公布的财务信息、产品和经营计划、设计规划、营销数据资料和赞助者信息等。

⑤ 有效期和终止。合同的有效期指本合同生效和废止的时间，而合同终止则一般是因为双方或多方在合同履行时产生分歧所致。条款如下列所示。

本合同有效期为____年/月，自甲乙双方签订之日生效，至____年__月__日终止。

如果甲乙双方各自义务均按照本合同的约定履行完毕，或合同终止对甲乙双方均没有影响，甲乙双方可以协商终止本合同。

在出现下列情况时，甲乙任何一方有权终止本合同：

（1）一方发生重大违约行为，且在守约方发出违约通知的____个工作日内未能纠正；

（2）一方在本合同中的任何信息被证明存在虚假；

（3）一方通过欺诈、胁迫等方式与另一方签订本合同，经查明属实。

如果甲方单方面终止本合同，则甲方应向乙方支付违约金____元（大写：_____元整）；如果乙方单方面终止本合同，则乙方应向甲方支付违约金____元（大写：_____元整）。

⑥ 陈述与保证。陈述与保证是合同主体对于赛事合同相关事项的情况说明，是合同各当事方关于与合同有关的各种事实与问题的声明。条款如下列所示。

甲乙双方作出如下陈述与保证：

1. 双方均有权签署本合同并按照本合同的约定认真履行各自的义务；

2. 经甲乙双方签署后，本合同中各条款对甲乙双方具有合法、有效的约束力，因破产清算等对本合同的履行造成影响的除外。

⑦ 违约责任。违约责任是合同主体不能履行合同、不完全履行合同时所应该承担的责任，违约责任是合同的必要条款。如下列所示。

> 如因乙方过错造成推广内容发布服务的不正常中断并给甲方造成经济损失，甲方有权终止本合同，乙方应当向甲方支付相当于甲方已支付推广费总额的 30% 作为违约金，并赔偿甲方的其他损失。
>
> 任何一方严重违反本合同的任何条款而给对方造成损失，违约方均应当向守约方支付全面足额的赔偿。

⑧ 遵守法律。遵守法律条款是合同主体承诺合同的内容遵守相关法律法规，即合同内容违反相关法律法规时必须进行修改。如下列所示。

> 如果本合同的任何条款被有效证据证明违反国家法律法规的规定，则甲乙双方必须及时修改本合同相应条款以符合法律规定。

⑨ 不可抗力。不可抗力是免责条款，是指本合同双方不能合理控制、不可预见或即使预见亦无法避免的事件，该事件会妨碍、影响或延误其中一方根据本合同履行其全部或部分义务。通常情况下，不可抗力因素包括但不限于政策变化、自然灾害、电脑病毒、互联网服务故障或其他类似事件。条款如下列所示。

> 遭受不可抗力事件的一方应及时通知对方，可暂行中止履行本合同项下的义务直至不可抗力事件的影响消除为止，并且无须为此而承担违约责任；但应尽最大努力克服该事件带来的困难，减轻其负面影响。

⑩ 合同的变更、解除与续约。合同的变更、解除与续约是指合同主体对合同内容变化、消灭合同效力、继续签订合同等情况的明确说明。条款如下列所示。

> 下列情况之一发生，本合同即可解除：
>
> 1. 本协议有效期内，甲、乙双方达成解除本合同的书面协议；
>
> 2. 由于国家政策、法律、法规的变更，本合同的内容与之违背已不能继续执行。

> 甲、乙双方解除本协议之前须完成各种资料的交接，款项支付。协议的解除不影响无过错方请求赔偿损失的权利。
>
> 经双方协商一致，可以对本协议的相关条款进行变更。

⑪ 争议解决。争议解决是对因合同引起的争议或合同本身有关的争议的解决方式说明，争议解决是合同必备条款。如下列所示。

> 凡因本合同引起或与本合同有关的任何争议，甲乙双方秉承友好原则协商解决，如协商未果，双方均可选择以下方式解决争议：
>
> （1）提请_____仲裁委员会按照该委员会仲裁规则进行仲裁；
>
> （2）诉至_____人民法院。
>
> 在仲裁或诉讼过程中，甲乙双方应该继续履行本合同中约定的义务，受仲裁或诉讼直接影响而无法履行的义务除外。

⑫ 其他。其他是指对除已经说明的条款之外，合同主体所达成一致的其他事项的说明。条款如下列所示。

> 未经对方书面同意，任何一方无权将自本合同中获得的服务和相关权益私自出售、转让给第三方。
>
> 本合同双方之间的任何通知均必须以书面形式写成，以电子邮件、传真、专人派送（包括特快专递）或航空挂号邮件形式发送。
>
> 双方须以书面形式对本合同作出修改或补充。经过双方签署的修改协议和补充协议是本合同的组成部分，具有与本合同同等的法律效力。
>
> 本合同的附件为本合同的一部分，与本合同具有同等效力。甲乙双方应在附件落款处盖章。

> 如果本合同中的任何条款因违反法律或政府规定或因其他原因而完全或部分无效或不具有执行力，则该条款被视为删除。但该条款的删除不影响本合同其他条款的法律效力。
>
> 本合同一式四份，双方各执两份，具有同等法律效力；合同自双方盖章之日起生效。合同期满，双方另行签约。

（3）合同尾部。

合同尾部一般包括合同主章、授权代表签字、联系方式、银行账号和合同的签订日期等内容。特别是联系方式、银行账号等信息，是需要双方确认的信息，也是履行主要义务和附加义务的主要依据，至关重要。

➤ 任务操作

参考下面《电子竞技比赛赞助合同》的样式，编写包含直转播权益的赛事招商合同。

电子竞技比赛赞助合同

甲方：×× 高校 ×× 学院 (以下简称"甲方")

乙方：×× 游戏外设公司 (以下简称"乙方")

本着诚实守信、互利互惠、共同发展的原则，经过友好协商一致，甲乙双方就甲方的"校园电子竞技大赛"的赞助项目达成以下协议。

一、赞助项目说明

1. 项目：2025 年 ×× 高校 ×× 学院"校园电子竞技大赛"。

2. 赞助内容："校园电子竞技大赛"系列活动期间活动经费支出。

3. 活动时间：2025 年 9 月 10 日—2025 年 10 月 10 日。

活动地点：×× 高校

二、乙方应承担的义务

1. 全程赞助甲方本次的"校园电子竞技大赛"，合计人民币 96420 元整。

2. 自合同签订第二日起的三日内，乙方先一次性付赞助总额的 60% 给甲方，即人民币 57852 元，同时，甲方出具有效收据。

3. 2025 年 10 月 15 日，经双方确认本合同执行无误，甲方在 2025 年 10 月 18 日前一次性付清剩余的 40% 款项，即人民币 38568 元。

三、乙方享有的回报

1. 乙方享有本次活动的冠名权。

2. 甲方为乙方提供本次"校园电子竞技大赛"活动的相应宣传，形式主要包括条幅、展板、广播播报、传单、网络（详细条款参见"四、甲方应承担的义务"）。

四、甲方应承担的义务

1. 活动冠名：×× 高校 ×× 学院"×× 杯"首届校园电子竞技大赛。

2. 条幅宣传：赛事宣传条幅内容大致为"预祝 ×× 高校 ×× 学院'×× 杯'首届校园电子竞技大赛圆满成功"，宣传条幅共 2 条，每条长度 20 米。

悬挂地点：×× 高校第一教学楼与礼堂门口。

悬挂时间：2025 年 9 月 10 日—10 月 10 日。

3. 展板宣传的内容应包含乙方的产品名称、店铺名称及地址。

甲方承诺以乙方认可的宣传画报做展板背景。

展板规格：100 cm×200 cm，1 块；80 cm×120 cm，1 块。

展板放置地点：×× 高校综合楼和第一食堂的门口。

展板放置时间：2025 年 9 月 10 日—10 月 10 日。

4．广播播报宣传内容应包含乙方的产品名称、店铺名称及地址，播报范围应覆盖全校。

5．网络宣传内容应包含乙方的产品名称、店铺名称及地址，主要渠道为甲方的官方微信公众号、微博官方号。

网络宣传时间：2025 年 9 月 10 日—10 月 10 日。

五、约束机制

如果乙方违约，甲方将追究相应责任并要求赔偿甲方因此所受的一切损失；如果甲方违约，如未按约定完成宣传，或宣传内容不符合承诺给乙方的信息，乙方有权利视情节减少或拒绝支付剩余款额。

甲方（签字）：××高校××学院　　　乙方（签字）：××游戏外设公司

联系地址：上海市××大道××室　　　联系地址：上海市××路××室

电话：×××××××　　　　　　　　电话：×××××××

统一社会信用代码：×××××××　　统一社会信用代码：×××××××

签约日期：2025 年 8 月 1 日　　　　签约日期：2025 年 8 月 1 日

5.2.3　巩固思考练习

1．没有在方案中明确表述赛事的目标群体，该如何解决？

2．赛事招商方案中为何需要准备充分的数据分析？

3．招商合同中的条款是否充分考虑到双方的利益？

4．招商合同的条款是否能够满足赞助商的需求并保持良好的沟通？